W0224782

Gärten im Weserbergland

Eine Reise zu Parks und Gärten entlang der Weser

Petra Widmer

Gärten im Weserbergland

Eine Reise zu Parks und Gärten entlang der Weser

Hrsg.: Landschaftsverband Hameln-Pyrmont e.V.
Landschaftsverband Südniedersachsen e.V.
Schaumburger Landschaft

Fotos: Sigurd Elert

Verlag Jörg Mitzkat

Die Deutsche Bibliothek
CIP-Einheitsaufnahme
Ein Titeldatensatz für diese Publikation ist bei
Der Deutschen Bibliothek erhältlich

ISBN 3-931656-65-9

Herausgegeben von
Landschaftsverband Hameln-Pyrmont e.V.
Landschaftsverband Südniedersachsen e.V.
Schaumburger Landschaft

Verlag Jörg Mitzkat
Holzminden, 2004

© bei den Autoren

Fotos: Sigurd Elert
Weitere Fotos: siehe Bildnachweis S. 94

Lektorat: Jörg Mitzkat, Sigmund Graf Adelmann

Gestaltung: Jörg Mitzkat

Druck: Lönneker, Stadtoldendorf

INHALT

EINLEITUNG

Gärten haben zu allen Zeiten die Menschen begeistert. Oft wurden keine Kosten und Mühen gescheut, um sich den Traum vom eigenen Paradies zu erfüllen. Auch das Weserbergland ist reich an diesen grünen Schätzen. Seit Jahrhunderten wurden zwischen Steinhuder Meer und Reinhardswald Gärten angelegt, gepflegt, verändert. So findet man in dieser Region heute eine Vielzahl von Schlossgärten, Kurparken, Klostergärten, Stadtparken, Gutsgärten, Wallpromenaden und Pfarrgärten, deren Entstehungszeit vom Mittelalter bis zum ausgehenden 20. Jahrhundert reicht.

Die frühesten Zeugnisse der Gartenkunst im Weserbergland sind bei den Klöstern anzutreffen, die im Mittelalter zur Bewahrung des Wissens über Gartenbau und Botanik beitrugen. Dabei überwog sicherlich zunächst der Nutzaspekt. Neben den großen Gemüsegärten gab es auch Kräuter- und Arzneigärten, wie sie in Amelungsborn und Fischbeck nachgebildet wurden. Die Obstgärten dienten oft gleichzeitig als Friedhof, ebenso wurden die Innenhöfe der Kreuzgänge zur Grablege genutzt. Meist sind sie durch ein Wegekreuz geviertelt, dessen Mittelpunkt durch einen Brunnen oder besonderen Baum betont wird. Solche Kreuzgänge haben sich in Fischbeck und Corvey erhalten.

Schloss Hämelschenburg

Im späten 16. Jahrhundert entstanden im Weserbergland zahlreiche prächtige Schlösser der Weserrenaissance. Durch den Getreidehandel, für den die Weser einen idealen Transportweg darstellte, erlebte die Region einen wirtschaftlichen Aufschwung. Weitaus mehr Geld noch ließ sich mit dem Kriegshandwerk erlangen. Adelige wie zum Beispiel Hilmar von Münchhausen oder Jürgen von Klencke waren als Söldnerführer tätig und kamen durch ihren Sold, ihren Anteil an der Beute und vielfach auch durch erpresstes Lösegeld für bedeutsame Gefangene zu großem Reichtum. Damit bauten sie imposante Schlösser wie Schwöbber, Hehlen und die Hämelschenburg. Aber auch viele Wohngebäude auf Rittergütern stammen aus dieser Zeit, so beispielweise in Remeringhausen und Apelern.

Die Wurzeln der Renaissance-Gartenkunst liegen in Italien, wo man Gärten gerne an terrassierten Hängen anlegte. Die einzelnen Ebenen waren durch Treppen und Rampen miteinander verbunden und mit rechteckigen Beeten geschmückt, auf denen Pflanzungen aus Buchs und Blumen geometrische Muster bildeten. Hinzu

Hortus Palatinus in Heidelberg

kamen als weitere Ausstattungselemente Laubengänge, Wasserbecken, Springbrunnen, Heckenlabyrinthe und Figurenschmuck. Ein wichtiges Merkmal des Renaissancegartens ist die Aneinanderreihung der verschiedenen Gartenteile. Die einzelnen Elemente sind zwar in sich symmetrisch gestaltet, der gesamte Garten folgt jedoch keiner übergreifenden Ordnung, man könnte ihn an jeder beliebigen Stelle erweitern. Auch hat er keinen besonderen Bezug zum Gebäude, sondern liegt eigenständig im Hausumfeld. Ein anschauliches Beispiel ist der Hortus Palatinus in Heidelberg, der um 1620 angelegt wurde, und von dem heute nur spärliche Reste erhalten sind. Im Weserbergland sind keine Gärten der Renaissance erhalten, ihre Existenz ist aber beispielsweise für Bückeburg und Hämelschenburg überliefert.

Merianstich der Hämelschenburg, 1654

In der zweiten Hälfte des 17. Jahrhunderts bildete sich in Frankreich die barocke Gartenkunst heraus, weshalb man auch vom französischen Garten spricht. Der erste bedeutende Garten dieser Art war Vaux-le-Vicomte südlich von Paris, der 1656 bis1661 von dem Gartenkünstler André LeNôtre geschaffen wurde. In einem barocken Garten spielen im Gegensatz zum Renaissancegarten Axialität und Symmetrie in der gesamten Anlage eine große Rolle. Besonders wichtig ist die Ausrichtung auf das Gebäude, was in einer gartenbeherrschenden Mittelachse, die auf den Schlossmittelpunkt zuführt, Ausdruck findet. Entlang dieser Achse reihen sich sämtliche Gartenteile spiegelsymmetrisch auf. Vor dem Schloss liegt zunächst das Parterre, eine ebene Fläche, auf der, wie in der Renaissance, regelmäßige Beete angelegt sind. Ihr Schmuck besteht aus Blumenbeeten, geometrisch geformten Rasenflächen und aus Buchs gepflanzten Mustern, deren Zwischenräume mit farbigem Kies, Sand oder Ziegelbruch gefüllt sind. Daran schließen sich die Bosketts an, von geschnittenen Hecken gebildete Gartenräume. Weiterhin können Labyrinthe, Pavillons, Heckentheater und Wasserbecken mit Fontänen zum Ausstattungsprogramm gehören. Bäume und Hecken werden durch regelmäßiges Schneiden in Kasten- oder Pyramidenform gehalten. Unverzichtbar sind Vasen und Statuen aus Marmor, Bronze oder Sandstein. Sie stellen oft antike Gottheiten oder Personifizierungen der vier Jahreszeiten,

Vaux-le-Vicomte

Der Große Garten in Hannover-Herrenhausen

der vier Elemente oder der vier (damals bekannten) Kontinente dar.

Manche Gärten werden von einem rechteckigen Wassergraben, einer Graft, gerahmt, wie der Große Garten in Hannover-Herrenhausen. Dieser war sicherlich Vorbild für viele Gärten im heutigen Niedersachsen, so auch für Stadthagen und Exten. Natürlich konnte nicht immer die Idealform des französischen Gartens verwirklicht werden, schließlich musste man auf die räumlichen und

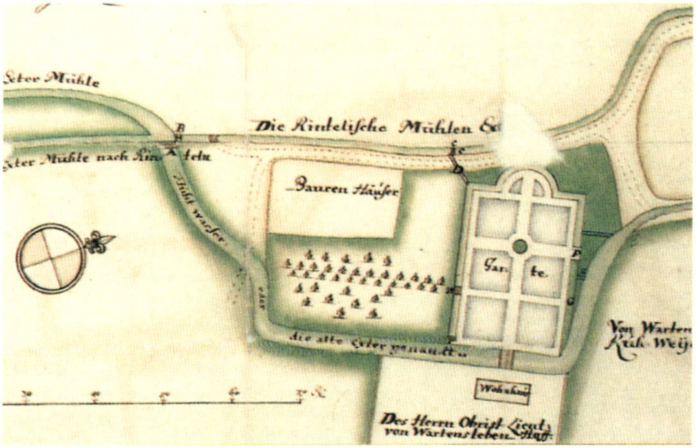

Plan der Gartenanlage Exten, 1728

finanziellen Möglichkeiten Rücksicht nehmen. So war es durchaus üblich, Boskettträume oder Parterreflächen auch zum Anbau von Obst und Gemüse zu nutzen. Wo das Gelände es anbot, legte man Gärten auf mehreren Terrassen an, so in Adelebsen und Westerbrak. Eine besonders ungewöhnliche, nämliche ovale Grundrisslösung kam in Baum zur Ausführung.

Bombergallee in Bad Pyrmont

Alleen sind ein wichtiges Gestaltungselement der barocken Gartenkunst. Man findet sie jedoch nicht nur innerhalb der Gärten als wegebegleitende Baumreihen, oft führen sie aus dem Garten hinaus in die Landschaft oder als Zufahrtsallee auf ein Gebäude zu. Losgelöst von Gärten dienen sie auch als Wandelgänge in Kuranlagen wie Bad Pyrmont oder sie gliedern ein Jagdgebiet wie an der Sababurg.

Bereits zu Beginn des 18. Jahrhunderts kam es in England zu einem revolutionären Umschwung in der Gartenkunst, als man begann, sich von der Regelmäßigkeit abzuwenden. Die streng formalen Gärten wurden nun als Sinnbild für Unterdrückung und absolutistische Herrschaft angesehen. Dem wollte man Freiheit und Natürlichkeit entgegensetzen, weshalb die Natur zum Vorbild für die Gartengestaltung wurde. Mit weiten Wiesenflächen, malerischen Baumgruppen, natürlich geschwungenen Bächen und Teichen wurden betretbare Landschaftsbilder geschaffen. Oft rahmen Bäume kulissenartig eine Sichtachse, an deren Ende sich ein besonderer Blickfang befindet, sei es das Wohnhaus, eine Brücke, ein Gedenkstein, ein Teehäuschen oder eine andere Parkarchitektur. Doch nie gelangt der Spaziergänger auf direktem Wege zu diesem Point de Vue. Auf geschwungenen Wegen wird er durch die Anlage geführt, hinter jeder Kurve erwartet ihn ein neues Bild, eine neue Szenerie und plötzlich steht er vor dem lange zuvor erblickten Objekt, ohne recht zuwissen, wie er dort hin gekommen ist. Das Wegenetz ist so geschickt geführt und abgepflanzt, das man die anderen Wege nicht sieht und die Anlage beim Durchschreiten viel größer erscheint, als sie in Wirklichkeit ist.

Gutspark Hasperde

In Deutschland begann man sich erst Mitte des 18. Jahrhunderts zögerlich für den Landschaftsgarten, auch englischer Garten genannt, zu erwärmen. Im Weserbergland liegt mit Schwöbber einer der frühesten Gärten, die sich in dem neuen Stil versuchten. Nach und nach kamen weitere dazu, zum Teil wurden sie neu geschaffen, wie die Klus, zum Teil wurden vorhandene regelmäßige Anlagen umgestaltet, wie der Bückeburger Schlossgarten. Besonders nach 1800 gehörte praktisch zu jedem Gut ein kleiner Landschaftsgarten; bei der Anlage dürften die engen verwandtschaftlichen Beziehungen des Adels im Weserraum eine hilfreiche Rolle gespielt haben. Beispiele sind Apelern, Behrensen, Diedersen, Hastenbeck, Meinbrexen und Remeringhausen. Auf Grund der vermehrten Erforschung des amerikanischen und des asiatischen Kontinents wurden viele exotische Pflanzen aus diesen Gebieten in Europa eingeführt und in den Landschaftsgärten angepflanzt. Besonders umfangreiche Sammlungen mit botanischen Raritäten entstanden beispielsweise auf dem Ohrberg und in Hasperde.

Ohrbergpark bei Hameln

Das ganze 19. Jahrhundert hindurch wurde der landschaftliche Stil beibehalten, in Hausnähe verwendete man jedoch auch erneut regelmäßige Formen. Späte Beispiele, die um 1900 entstanden, sind

Moderne Brunnenanlage im Kurpark Bad Eilsen

Harderode und der Palaisgarten in Bückeburg. Gärten des 20. Jahrhunderts zeigen schließlich gleichberechtigt formale wie auch landschaftliche Gestaltungen. Beispiele für die 1950er bis 1970er Jahre findet man im Hamelner Bürgergarten, wie auch auf den Kurpromenaden von Bad Eilsen und Bad Nenndorf. Die aktuellen Tendenzen der Gartenkunst können im Kurpark Bad Münder betrachtet werden.

Insgesamt 44 Gärten und Parkanlagen des Weserberglandes stellt das vorliegende Buch vor. Es lädt ein, sie zu besuchen und dabei den Alltag für einen Moment hinter sich zu lassen, Schönheit, Ruhe und Entspannung zu genießen, wie sie vielleicht nirgends besser empfunden werden können, als in einem Garten. Oder, wie es der schweizerische Landschaftsarchitekt Dieter Kienast formulierte:

> *Der Garten ist der letzte Luxus unserer Tage,*
> *denn er fordert das, was in unserer*
> *Gesellschaft am Kostbarsten geworden ist:*
> *Zeit, Zuwendung und Raum.*

GÄRTEN IM WESERBERGLAND

KURPARK BAD NENNDORF

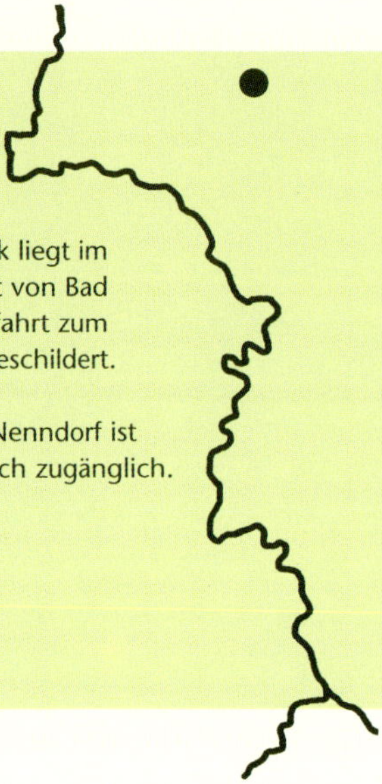

Der Kurpark liegt im Stadtgebiet von Bad Nenndorf. Die Zufahrt zum Kurgebiet ist ausgeschildert.

Der Kurpark Bad Nenndorf ist ganzjährig öffentlich zugänglich.

Bad Nenndorf um 1792 (A.W. Strack)

Die Schwefelquellen in Bad Nenndorf sind bereits seit dem 16. Jahrhundert bekannt, der Volksmund nannte die Wiese, wo sie zu Tage treten, wegen des starken Geruches „auf dem Teuffels-Dreck“. Zu einem Kurbad ausgebaut wurde Nenndorf erst 1788 durch den hessischen Landgrafen Wilhelm IX. (seit 1803 Kurfürst). Dieser beauftragte seinen Hofarchitekten Simon du Ry mit der Planung und Ausführung der Kuranlagen und seinen Hofgärtner Georg Wilhelm Homburg mit der Planung des Kurparkes. Von der Initiative des Kurfürsten zeugt noch die sogenannte „Kurfürstenbuche“ im unteren Parkteil, welche Wilhelm 1789 eigenhändig gepflanzt haben soll.

Zentrales Element ist die Esplanade, ein hufeisenförmiger Platz, um den herum die zahlreichen Bade- und Logierhäuser angeordnet waren, von denen noch das heutige Hotel Esplanade, das Haus Kassel und das Landgrafenhaus erhalten sind. Die Esplanade, dem Wortsinn nach ein „freier Platz“, war ursprünglich dicht mit im Raster gepflanzen Linden bestanden. Nachdem diese in den 1970er Jahren wegen Altersschwäche gefällt werden mussten, gestaltete man die Fläche und die anschließende Kurpromenade neu im Sinne der Zeit mit kleinteiligen Aufenthaltsräumen, asymmetrischen Sitzgruppen und Wasserbecken auf unterschiedlichen Ebenen. Dadurch ging jedoch die Großzügigkeit des Platzes und vor allem die Verbindung der Esplanade zum angrenzenden Kurpark verloren. Auf der Esplanade entspringt auch die Hauptquelle, die 1842 mit einem Tempel auf kreuzförmigem Grundriss überbaut und betont wurde.

Der eigentliche Kurpark erstreckt sich von der Esplanade ausgehend in südlicher Richtung den Galenberg hinauf. Im Sinne des englischen Landschaftsgartens ist er als großzügige Wiesenfläche mit abwechslungsreichem, inzwischen bis zu zweihundertjährigen Baumbestand ausgebildet. Neben einheimischen Bäumen wurden auch viele Exoten gepflanzt. Zur Hügelkuppe geht der Park in einen lichten Wald über, auf der anderen Seite schließt die Feldmark an. Einen besonders schönen Blick hat man vom Waldrand aus weit ins Land hinein.

Mit Blick auf die Kuranlagen wurde 1805 das sogenannte Schlößchen oder „Lodge“ als Sommerresidenz für Kurfürst Wilhelm errichtet. Daneben gab es zahlreiche Kleinarchitekturen, wie zum

Süntelbuchenallee im Winter

Beispiel ein Borkenhäuschen, das aus Tannendielen gefertigt und außen mit Borke verkleidet war, oder eine andere Hütte, die aus rohen Baumstämmen errichtet und mit Birkenästen verkleidet war. Von diesen Staffagen hat sich nichts erhalten.

Die Hauptattraktion heute ist ohne Zweifel eine etwa hundert Jahre alte Allee aus Süntelbuchen, die man bergauf rechter Hand am Rand des Parkes findet. Ihretwegen lohnt auch ein Besuch in der kalten Jahreszeit, wenn das faszinierende Wirrwarr von Stämmen und Ästen ohne „störendes" Laub besonders gut betrachtet werden kann (siehe auch S. 47).

Anfang des 20. Jahrhunderts erweiterte man den Kurpark und schuf in der Senke zum Deister den sogenannten „Erlengrund", eine kleine Schmuckanlage mit zwei Teichen, zu der vom Galenberg hinab eine schmale Allee von Kugelahorn führt. Hier ist der Ausgangspunkt von Wanderwegen in den Deister.

Das ‚Schlösschen' Bad Nenndorf

GUT VON MÜNCHHAUSEN APELERN

Am südwestlichen Ortsausgang von Apelern an der L 443; Rintelner Str. 6

Der Weg am Hang zum Mausoleum ist öffentlich zugänglich, der eigentliche Garten nach Absprache mit den Besitzern [05043-5738].

Die Freiherren von Münchhausen sind seit dem 14. Jahrhundert in Apelern ansässig. Das Herrenhaus wurde 1561 durch Börries von Münchhausen erbaut und ist seitdem im Besitz der Familie. Im Laufe der Jahrhunderte wurde es mit weiteren Wohn- und Wirtschaftsgebäuden zu einem geschlossenen Viereck erweitert. Der Gutshof ist ganz von einer rechteckigen Graft umgeben, die von dem Riesbach gespeist wird. Dieser begrenzt im Westen und Norden den engeren Parkbereich.

Von der Landstraße kommend, führt die Zufahrt, die einst mit einer Eichenallee gesäumt war, geradewegs auf das Torhaus zu. Über eine Steinbrücke gelangt man in den Innenhof. Hier erwartet den Besucher ein wahres Blütenmeer; Rosen und andere Blumen sowie zahlreiche Rankgewächse verbreiten südliches Flair. Eine noch junge Kastanie hat die Nachfolge eines abgestorbenen Ahorns als Hofbaum angetreten. An der westlichen Schmalseite gelangt man durch ein Tor und über eine Brücke in den Garten.

Innenhof Gut von Münchhausen

Über die Geschichte der Gartenanlage ist kaum etwas bekannt. Wie bei jedem Gut spielte die Nutzgärtnerei – Obst und Gemüse – eine wichtige Rolle. Große Teile der das Gut umgebenden Flächen wurden bis weit in das 20. Jahrhundert zu diesem Zwecke genutzt. Inwieweit es aber im 16., 17. oder 18. Jahrhundert auch einen formal gestalteten Lust- oder Ziergarten gegeben hat, ist unklar. Anfang des 20. Jahrhunderts stellte ein Familienmitglied die These auf, dass es zumindest Alleen gegeben habe, zum einen jenseits des Baches auf einer künstlichen, am Hang geschaffenen Terrasse, zum anderen zwischen Graft und Bach, von wo sie weiter nach Westen zu einer mehreren hundert Jahre alten Linde auf einem kleinen Hügel zuführte. Diese Linde ist nicht mehr vorhanden, wohl aber eine kleine Erhöhung direkt am Bach. Auch gab es ursprünglich noch eine weitere Brücke, die im Norden, direkt aus dem Haus kommend, die Graft überquerte. Sie musste in den 1980er Jahren wegen Baufälligkeit abgebrochen werden, jedoch führt heute eine Brücke über den parallel laufenden Bach und eine anschließende Treppe den Hang hinauf. Dies lässt die These wahrscheinlich erscheinen, dass es zwischen Graft und Bach und auf der Hangterrasse gestaltete Bereiche gegeben hat. Die einzigen greifbaren und datierbaren Relikte aus jener Zeit sind zwei Sonnenuhren aus dem 18. Jahrhundert, eine im Innenhof, eine zu Beginn des westlichen Gartens.

Anfang des 19. Jahrhunderts scheint man, wie bei so vielen anderen Gütern der Region, mit der Anlage eines landschaftlichen Gartens begonnen zu haben. Davon zeugt im westlichen Garten eine Vielzahl alter Bäume, darunter Linde, Platane, Trauerbuche, Ginkgo, Korkenziehereiche und amerikanische Eiche, die zum Teil sicherlich zweihundert Jahre alt sind. Von der obligatorischen Blutbuche ist nur noch ein efeuüberrankter Stumpf geblieben. Mit Sicherheit war der Garten ursprünglich durch ein Wegenetz erschlossen, davon ist nichts mehr erhalten, heute präsentieren sich die Bäume auf einer Wiese. Hausfern geht der Garten in die Relikte einer vormals umfangreichen Obstplantage über, bis zu hundertjährige Apfel-, Birn- und Pflaumenbäume stehen in ordentlichen Reihen. Von dem kontinuierlichen Bemühen um den Garten zeugen einige Baumpflanzungen jüngerer Zeit, darunter eine kleine Süntelbuche, ein „Muss" in dieser Gegend.

Der Bereich entlang des Riesbaches mutet heute waldartig an. Auf der anderen Bachseite steigt das Gelände an, dieser Bereich gehörte, wie erwähnt, vermutlich einst mit zum Park, heute führt ein lockeres Wegenetz entlang der Höhenlinie und einige Aussichtsplätze laden zum Verweilen ein. Hier oben wurde auch Anfang des 20. Jahrhunderts ein Erbbegräbnis der Familie von Münchhausen errichtet, ein kleiner Bau im Stil der Neoromanik.

Efeuüberrankter Stumpf der alten Blutbuche

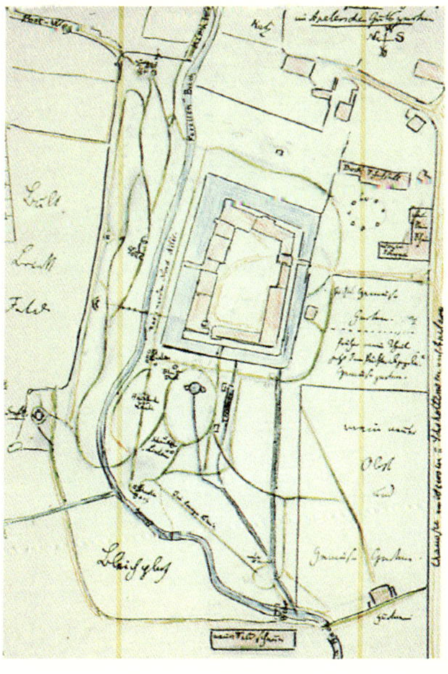

Eine Skizze des Gutes von Börries von Münchhausen, zwischen 1910 und 1925 entstanden (Norden ist links)

RITTERGUT V. HAMMERSTEIN APELERN

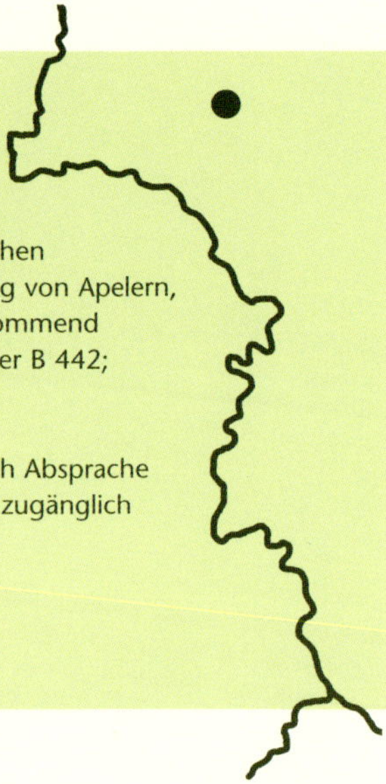

Am nördlichen Ortseingang von Apelern, von Rodenberg kommend in Verlängerung der B 442; Im Winkel 17;

Die Anlage ist nach Absprache mit den Besitzern zugänglich [05043-2985].

Das Herrenhaus, Ende des 16. Jahrhunderts erbaut, ist seit 1673 im Besitz der Freiherren von Hammerstein. Der den einflügeligen Bau einst umschließende Wassergraben ist heute jedoch nur noch zur Hälfte erhalten. Die Hauptzufahrt erfolgt über den westlich vorgelagerten Wirtschaftshof.

Über die Geschichte der Gärten ist kaum etwas bekannt. Bis weit ins 18. Jahrhundert scheint es hauptsächlich Nutzgärten gegeben zu haben, regelmäßig angelegte Obst- und Gemüsegärten, die man sich vielleicht als „aufgeschmückte" Küchengärten vorstellen kann, denn Nutz- und Ziergärtnerei gingen zu jener Zeit Hand in Hand.

Börries von Hammerstein hatte als 17jähriger eine Reise nach England unternommen und die dortigen Landschaftsgärten kennengelernt. Um 1800 bestellte er bei dem hessischen Hofgärtner Homburg über 400 Gehölze und zahlreiche Stauden und begann selbst mit der Anlage eines Landschaftsgartens in Apelern. Über dessen genaue Gestaltung ist jedoch nichts überliefert. Der heutige Baumbestandes stammt überwiegend aus dem 20. Jahrhundert, dazu kommen in Hausnähe Beete mit Stauden und Ziersträuchern. An älteren Ausstattungsstücken finden sich auf der Insel ein Sandsteinpostament von 1671, zwei steinerne Tische mit unbekanntem Entstehungsdatum, sowie eine halbrund gemauerte Grotte als Rückwand eines Sitzplatzes, ein typisches Element des späten 19. Jahrhunderts.

Das Schmuckstück der Gutsanlage ist zweifellos eine schmale, hochaufragende Lindenallee, die durch die das Gut umgebenden Weiden in Richtung Dorf führt. Sie stammt aus dem Jahre 1926, zuvor hatte es bereits eine Eichenallee gegeben, etwa hundert Jahre früher gepflanzt, von der noch zwei Bäume am Beginn der Allee erhalten sind.

Hervorzuheben sind noch weitere imposante alte Einzelbäume. So stehen vor dem Herrenhaus vier vielleicht 150 Jahre alte Linden, von denen gleich drei durch Blitzeinschlag in Mitleidenschaft gezogen wurden. Ein ähnliches Alter dürfte die Eiche auf der Weide nördlich der Lindenallee haben, die sich aufgrund ihres freien Standes besonders prächtig entwickeln konnte. Auf dem Wirtschaftshof wurden 1918 zwei Kastanien gepflanzt, die inzwischen ebenfalls zu mächtigen Bäumen herangewachsen sind.

Lindenallee zum Dorf

SCHLOSS HAGENBURG

Schloss Hagenburg am Steinhuder Meer wurde anstelle einer mittelalterlichen Wasserburg errichtet und besteht heute aus zwei Flügeln: einem Fachwerkbau von 1686 und einem massiven Steinbau in klassizistischem Stil von 1799. Letzterer wurde von dem schaumburg-lippischen Hofarchitekten Vagedes für die Fürstin Juliane geplant. Zunächst als Jagdschloss genutzt, wandelte es sich im ausgehenden 18. Jahrhundert zum Sommersitz der fürstlichen Familie, der es bis ins 20. Jahrhundert blieb.

Im Übergang der Ortschaften Hagenburg und Altenhagen führt eine kurze Stichstraße von der B 441 nach Norden; Schloßstraße 21.

Die Allee ist öffentlich zugänglich.

Am Schloss gab es bereits seit dem 17. Jahrhundert einen kleinen fünfeckigen Garten, der zunächst geometrisch gestaltet war und im späten 18. Jahundert landschaftlich umgestaltet wurde.

Das Prunkstück der Anlage ist jedoch eine etwa fünfhundert Meter lange Allee, die auf den Mittelrisalit des klassizistischen Schlossflügels zuführt. Sie ist bereits seit dem 18. Jahrhundert vorhanden und war zunächst mit Robinien und Pappeln bepflanzt. Zwischen 1913 und 1917 wurde sie in gänzlich anderer Weise erneuert. So beginnt sie heute am schlossentfernten Ende als kurze Pyramideneichenallee, geht dann aber über in zwei Reihen aus Rhododendren und dahinter gepflanzten Sumpfzypressen. Ein Gang durch diese Allee ist besonders im Mai zur Blütezeit der rosafarben blühenden Rhododendren ein ganz besonderes Erlebnis.

Allee aus Rhododendron und Sumpfzypressen

Links und rechts dieser ungewöhnlichen Allee liegt ein feuchtes Waldgebiet. Graf Wilhelm, der auch die Festung Wilhelmstein im Steinhuder Meer bauen ließ, nutzte im 18. Jahrhundert das Gelände um Schloss Hagenburg als eine Art Truppenübungsplatz und verteilte darin zahlreiche kleine sternförmige Schanzen. Reste davon sind im Wald heute noch zu erahnen. Auch ließ er den Stichkanal vom Steinhuder Meer bis direkt vor das Schloss Hagenburg graben. Durch das Waldgebiet führen heute einige Rundwege, auch sind zahlreiche Bäume mit Namen gekennzeichnet.

GUT REMERINGHAUSEN

Am westlichen Rand der Ortschaft Heuerßen, von der B65 führt eine Schotterstraße direkt zum Gut.

Der Park ist freitags von 9 bis 18 Uhr geöffnet.

Das Gut Remeringhausen kam Ende des 16. Jahrhunderts durch Verlosung der zu vererbenden Güter an Ludolf von Münchhausen. Er errichtete das sogenanntes „Schlösschen“ im Stil der Weserrenaissance, zu dem ursprünglich noch ein zweiter Flügel gehörte. 1701 wurde ein neues, barockes Herrenhaus gebaut. Dazu gesellen sich heute verschiedene Wirtschaftsgebäude. Die Gebäude sind um einen Innenhof gruppiert und außen von einem breiten, rechteckigen Wassergraben umgeben. Eine Brücke führt in den angrenzenden Park, der aber auch durch ein seitliches Tor von der Straße aus zu betreten ist. Hier steht eine Erläuterungstafel mit Übersichtsplan.

Der Park liegt auf nahezu rechteckigem Grundriss. Vermutlich wurde das Gelände schon seit langem gärtnerisch genutzt. Für das 18. Jahrhundert ist ein Weg belegt, der axial auf die Brücke zuführt, dazu kommen mehrere rechtwinklige Querwege. Es ist anzunehmen, dass es sich weniger um einen Lust-, sondern eher um einen Obst- und Gemüsegarten gehandelt hat.

Anfang des 19. Jahrhunderts wurde ein landschaftlicher Garten durch Georg von Münchhausen und seine Frau Charlotte angelegt. Der Plan dazu stammte von dem hessischen Hofgärtner Georg Wilhelm Homburg, der auch an dem Kurpark von Bad Nenndorf, dem Gutspark Exten und der Umgestaltung der Rintelner Festungsanlagen beteiligt war. Die Anlage wurde seitdem nicht wesentlich

Sonnenuhr am ‚Schlösschen'

Blick aus dem Park auf die Gutsanlage mit dem ‚Schlösschen'

verändert und ist seit der kürzlich erfolgten Sanierung ein herausragendes Beispiel für einen ländlichen Gutsgarten.

Der Park zeichnet sich durch eine zentrale Wiesenfläche aus, auf der alte und auch neugepflanzte Solitäre stehen. Zu nennen sind zwei mächtige Blutbuchen, eine Esskastanie, eine Lärche und ein Tulpenbaum. An den Seiten schirmt dichterer Bewuchs den Park gegen die Umgebung ab, nur zum Gutshof ist die Sicht frei. Die Wegeführung ist sparsam. Direkt an der Graft entlang verbindet ein gerader Weg zwei Parktore. Davon zweigen ein geschwungener, in der nördlichen Hälfte doppelt geführten Rundweg sowie ein Mittelweg, der quer über die Wiese zu einer alten Mühle am Parkrand führt, ab. Hier fließt der Mühlbach durch den Garten, der am Rand der Wiese zu einem kleinen Teich erweitert ist. Der Aushub wurde zur Aufschüttung eines Hügels verwandt, nach der Bauherrin „Charlottenhügel“ genannt. Er wird durch einen Kreis von Kastanien bekrönt, unter denen ein Steintisch und zwei Bänke zum Verweilen einladen. Von hier hat man einen schönen Blick über den Teich auf das Schlösschen.

An den eigentlichen Park schließt sich eine Obstwiese an, die früher auch als Küchengarten genutzt wurde. Mittels eines Randweges und Sichtbeziehungen wurde diese Wirtschaftsfläche in den Park mit einbezogen. Hier kommt der Grundsatz „Das Nützliche mit dem Schönen verbinden“, sprich den Lust- mit dem Wirtschaftsgarten, zum Tragen.

Zentrale Wiesenfläche mit sehenswerten Einzelbäumen

Gutshaus mit Wassergraben

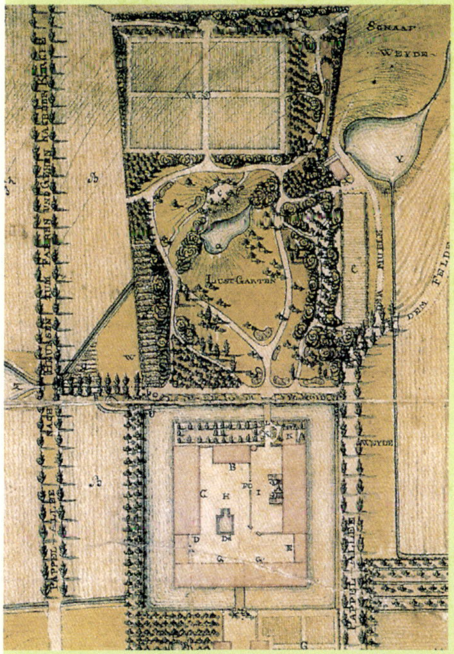

Plan von 1806 (G.W. Homburg)

SCHLOSSGARTEN STADTHAGEN

Am historischen Zentrum an der Habichhorster Straße gelegen.

Der Schlossgarten Stadthagen ist öffentlich zugänglich.

Das Schloss in Stadthagen wurde um 1535 auf den Resten einer mittelalterlichen Vorläuferanlage als eines der frühesten Beispiele der Weserrenaissance errichtet. Den Häusern Schaumburg und Schaumburg-Lippe diente es vorwiegend als Witwensitz, so beispielsweise von 1622 bis 1643 für Fürstin Hedwig, von 1703 bis 1743 für Gräfin Johanne Sophie und von 1748 bis 1785 für Fürstin Charlotte.

Einen Garten auf dem Gelände des heutigen Schlossgartens (auch Stadtgarten genannt) gab es anscheinend schon im 16. Jahrhundert, über sein Aussehen ist allerdings nichts bekannt. Er hatte, als Garten der Renaissance, keinen direkten Bezug zum Schloss und war zudem von diesem durch den Stadtwall getrennt.

Seit dem 17. Jahrhundert hat der Garten seine Grundstruktur kaum verändert. Das oblonge Rechteck wurde von Anbeginn durch einen Weg in der Mittelachse gegliedert, zusätzlich teilten, wie noch heute, mehrere Querwege die Fläche in einzelne Quartiere. Die Schnittpunkte der Achsen wurden durch eine Sonnenuhr, ein Wasserbecken mit Springbrunnen und einen steinernen Tisch samt steinernen Bänken geschmückt. Die ersten beiden Ausstattungselemente sind noch vorhanden, wobei die ungewöhnliche Sonnenuhr besondere Beachtung verdient: Es handelt sich um eine kniende Figur mit einer Kugel auf dem Rücken. Vermutlich stammt auch bereits der rechteckige Teich an der schlosszugewandten Seite aus der ersten Hälfte des 17. Jahrhunderts. Ebenso ist das Lusthaus aus Fachwerk, das im Teich auf Pfählen errichtet wurde, mindestens seit 1685 vorhanden. Es übernimmt in gewisser Weise die Funktion des Schlosses als Bezugspunkt für den symmetrischen Aufbau des Gartens. Die einzelnen Quartiere, heute schlichte Rasenflächen, waren einst mit Blumen, Heilkräutern und auch Gemüse bepflanzt. Eingefasst wurden sie zum Teil durch Laubengänge, die aus Weiden- oder Haselzweigen gebildet wurden. Im hinteren Teil waren auch Obstbäume vorhanden.

Blick Richtung Altstadt

Gräfin Johanne Sophie (*1673 † 1743) zog 1703 in das Schloss Stadthagen, obgleich sie noch keine Witwe war. Allerdings war sie vor ihrem gewalttätigen Mann, Graf Friedrich Christian zu Schaumburg-Lippe, aus der Residenz Bückeburg geflohen und verbrachte zunächst acht Jahre in Stadthagen, bevor sie, des Landes verwiesen, weiter an den Hof von Hannover floh, wo sie als Hofdame der Kurfürstin Sophie lebte. Als deren Sohn 1714 die Krone Englands erbte und der gesamt Hofstaat nach London übersiedelte, ging Johanne Sophie mit, nun als Hofdame der Kronprinzessin Caroline. Erst 1728, nachdem ihr Mann verstorben war und ihr Sohn Albrecht Wolfgang die Regierung in Schaumburg-Lippe übernahm, kehrte sie zurück und nahm wieder Wohnsitz in Stadthagen. Mit großer Leidenschaft widmete sie sich dem Garten, in dem sie das Vorgefundene dem barocken Zeitgeschmack entsprechend modernisierte, ohne die Grundstruktur zu verändern. Parallel zur Mittelachse wurden am Rand zwei weitere Längsachsen zugefügt und mit Kastanienalleen bepflanzt, die in Resten heute noch vorhanden sind. Die beiden hinteren Quartiere wurden zu sternförmigen Bosketts umgestaltet, deren Binnenflächen mit Obstbäumen bepflanzt waren. Überhaupt spielte das Miteinander von Zierde und Nutzen eine große Rolle. So dienten beispielsweise auch Hagebutten und Zwergobsthecken als Einfassungen der Beete und Johanne Sophie wies ihren Gärtner darauf hin, dass der Garten nicht nur das Gemüt erfreuen, sondern auch die Bedürfnisse von Küche, Konfektstube und Apotheke erfüllen solle. Zum Schmuck dienten Kübelpflanzen und zu Pyramiden geschnittene Eiben ebenso wie zahlreiche Skulpturen, von denen sich leider nur einige Sockel erhalten haben.

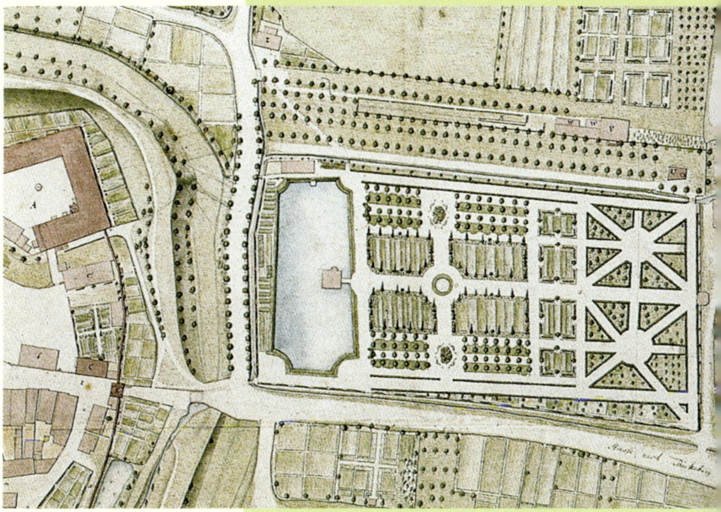

Plan der Gartenanlage, um 1784

Nach 1785 wurde die Hofhaltung in Stadthagen aufgegeben und im Garten setzte schleichender Verfall ein. Die Bürger Stadthagens ergriffen Besitz von dem Garten, dies jedoch anscheinend nicht nur durch Spazierengehen, wie die Ermahnung des Gärtners, er möge nur seine eigene Kuh, und diese auch nur unter Aufsicht, im Garten grasen lassen, andeutet. Ende des 19. Jahrhunderts bewohnte einige Jahre das Erbprinzenpaar Georg und Marie Anna das Schloss, das jedoch wenig Interesse an dem „unmodernen" Garten zeigte. Aus dieser Zeit dürften die Solitärgehölze (Säuleneiche, Platane, Buche) stammen.

Lusthaus

WALL STADTHAGEN

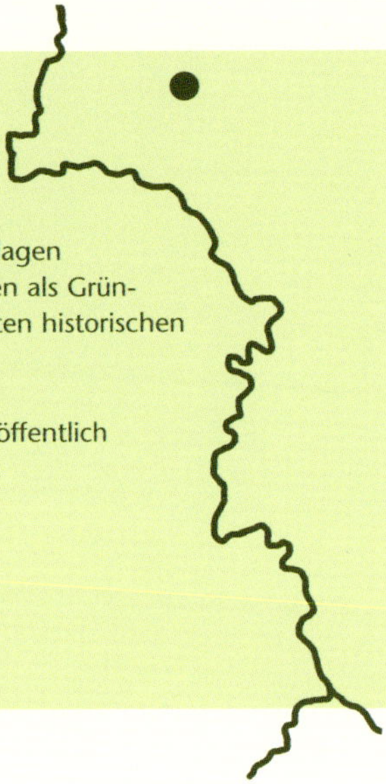

Die Wallanlagen umschließen als Grüngürtel den gesamten historischen Stadtkern.

Die Anlagen sind öffentlich zugänglich.

Stadthagen wurde um 1222 von Graf Adolf zu Schaumburg gegründet und hieß deshalb zunächst Grevenalveshagen (Graf Adolfs Hagen). Seit dem 14. Jahrhundert hatte sich die Stadt mit Mauer, Wall und Graben geschützt. In Friedenszeiten wurden die Befestigungsanlagen aber auch gärtnerisch oder als Viehweide genutzt. Dies drohte bisweilen die Funktionalität der Anlagen zu gefährden, weswegen beispielsweise der Stadtrat von Stadthagen 1667 den Bürgern das Betreten des Geländes verbot. Im 18. Jahrhundert gab es aber bereits auf dem Stadtwall eine Allee, die ausdrücklich zum Spazierengehen der Bürger bestimmt war.

Noch heute ist die Fläche der Wallanlagen vollständig als Grünzug um die ganze Stadt erhalten. Insbesondere die Gestaltung auf der östlichen Seite, wo der Wall abgetragen und ein Park mit abwechslungsreichem Baumbestand geschaffen wurde, dürfte dem Engagement des 1899 gegründeten Verschönerungsvereins von Stadthagen zu verdanken sein. Auf der West- und Nordseite sind noch Graben und hoher Wall vorhanden. Alleen aus Zierkirschen, Ahorn und Kastanien beschatten die Promenade. Interessant ist im nördlichen Abschnitt ein Blick auf die „Rückseite" der Altstadt, wo private Gärten bis an den Wall heranreichen. Im Süden geht der Wall in den Schlossgarten über.

Blühende Zierkirschenallee

Die Wallanlagen im Spätsommer

GARTEN BROCKMANN OBERNKIRCHEN

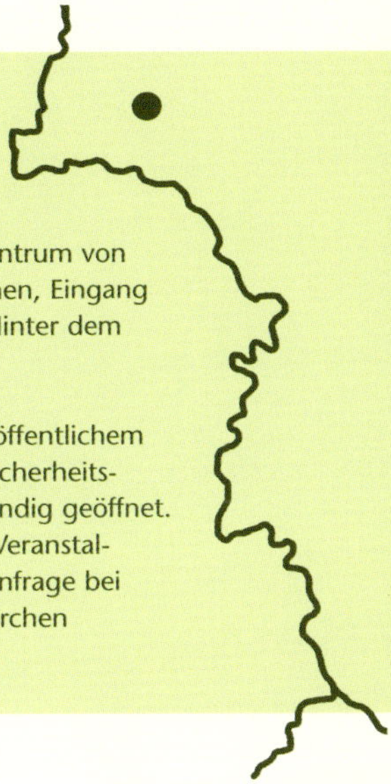

Der Garten Brockmann ist ein mindestens hundert Jahre alter bürgerlicher Privatgarten, der sich heute im Besitz der Stadt befindet. Er ist von der Straße „Hinter dem Graben" aus zu betreten, gehörte ursprünglich jedoch zu einem Haus an der Langen Straße. Hier, am nordwestlichen Rand der Altstadt, hatten sich bereits seit dem 18. Jahrhundert hinter den Häusern lange Gartenstreifen im ehemaligen Stadtgraben befunden. Seit 1819 war die Kaufmannsfamilie Brockmann im Besitz eines, später zweier Häuser an dieser Straße. Ab Mitte des 19. Jahrhunderts ist die Existenz eines gestalteten Gartens belegt, dessen heutiges Erscheinungsbild aus dem späten 19. Jahrhundert stammen dürfte. Durch die jahrzehntelange familiäre Nutzung blieb der Garten seitdem in seiner grundsätzlichen Gestaltung erhalten, erst Ende des 20. Jahrhunderts begann er zu verwildern. Nachdem der letzte Erbe verstorben war, kaufte die Stadt das Gartendenkmal und begann 2003 mit der Wiederherstellung.

Im Stadtzentrum von Obernkirchen, Eingang von der Straße „Hinter dem Graben".

Der Garten ist in öffentlichem Besitz, aber aus Sicherheitsgründen nicht ständig geöffnet. Besichtigung bei Veranstaltungen und auf Anfrage bei der Stadt Obernkirchen [05724-39550].

Der Garten ist an drei Seiten von einer Mauer eingefasst, die vierte Seite wird durch eine dichte Abpflanzung zum Nachbargrundstück gebildet. Zwei schmiedeeiserne Tore führen in den Garten. Die Sandsteinpfeiler sind in barockem Stil mit einem Aufsatz aus Akanthusblättern und Pinienzapfen ausgeführt.

Eingangstor

Der Mittelpunkt des Gartens ist ein runder Springbrunnen, der umgeben ist von einem repräsentativen geometrischen Gartenornament aus Buchs, Staudenrabatten und Wegen. Weitere Staudenbeete finden sich an den Rändern des Gartens. Dazu kommen einzelne markante Großbäume, so eine Magnolie und eine Schwarzkiefer. Diese Bäume sind vermutlich um die hundert Jahre alt. Eine durch Windwurf abgängige Blutbuche wurde nachgepflanzt.

Wenn auch der Garten als Ziergarten angelegt und genutzt wurde, so fehlt dennoch der Nutzaspekt nicht völlig. Davon zeugen einige Haselsträucher sowie Kirsch- und Apfelbäume, und an der nördlichen Mauer war früher Spalierobst angebracht

Da der Garten nicht übermäßig groß ist (etwa 1.000 qm), überrascht es, dass gleich drei Sitzplätze vorhanden sind. In der östlichen Ecke steht ein achteckiger Holzpavillon (ein Nachbau, das Original war nicht zu retten), in der westlichen Ecke eine rechteckige Laube, ebenfalls aus grün-weiß gestrichenen Holzlatten. In der nördlichen Ecke deutet ein Steintisch auf einen ehemaligen Aufenthaltsplatz. Der weite Blick ins Land Richtung Nordwesten ist heute durch Neubauten verstellt.

Pavillon und Gartenwege

SCHLOSS BAUM

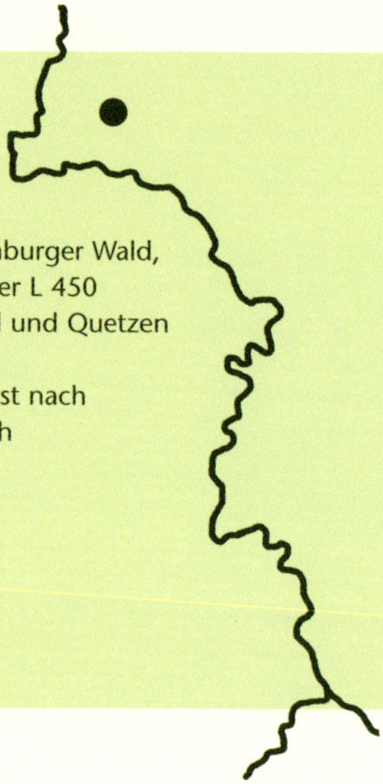

Im Schaumburger Wald, direkt an der L 450 zwischen Rusbend und Quetzen

Die Besichtigung ist nach Absprache möglich [05702-791].

Schloss Baum verdankt seinen Namen weniger den Bäumen des Schaumburger Waldes, als vielmehr einem Schlagbaum, an dem das kleine Fürstentum Schaumburg-Lippe sein Zollrecht geltend machte. Im 17. Jahrhundert gab es hier einen Tiergarten und ein einfaches Jagdhaus nebst Stallungen, Wagenschuppen und Dienstbotenunterkünften. Dieses wurde um 1760 von Graf Wilhelm von Schaumburg-Lippe (*1724 †1777) zu einem Schloss ausgebaut und mit einer Gartenanlage umgeben. Damit schuf sich der Graf einen privaten Rückzugsort, eine Eremitage. Die Nachfolger des Grafen Wilhelm hatten kein allzu großes Interesse mehr an Baum, nur zur Jagd lud und lädt das fürstliche Haus bis heute in den Schaumburger Wald. Auch wenn das Gelände heute durch die Nutzung des Evangelischen Jugendwerkes stark beansprucht wird, so hat sich doch einiges der historischen Gartensubstanz des 18. Jahrhunderts erhalten.

Wasserkunst und Renaissanceportale

Ein Plan von 1757 veranschaulicht, was einst geplant und größtenteils wohl auch ausgeführt wurde. Auffällig ist zunächst die ungewöhnliche ovale Grundrissform des Gartens. Die Hauptzufahrt erfolgte ursprünglich nicht von der Seite, wie heute, sondern führte von der westlichen Schmalseite axial auf das Schloss zu. Im Wald ist die ehemalige Zufahrtsallee noch als Schneise zu erkennen und am Waldrand stehen und liegen die Überreste der ehemaligen Torpfeiler. Vor dem Schloss befand sich, wie heute, eine große Rasenfläche, die jedoch neben der breiten Zufahrt auch durch ornamentale Zierbeete gegliedert wurde. Umschlossen wurde dieser Gartenteil von einem Randweg, der durch geschnittene Hainbuchenhecken und Lindenreihen begleitet wurde. Davon haben sich noch einige Reste erhalten. Insbesondere an der südlichen Seite finden sich zahlreiche Hainbuchen, die in etwa drei Metern Höhe eine sogenannte Zwieselbildung aufweisen, d.h. der Stamm teilt sich in mehrere Stämme. Dies ist ein Zeichen dafür, dass die Bäume einmal geschnitten wurden, es sich also um Überreste der einstigen Hecken handelt.

Neben dem Schloss führten einst zwei heute restlos verschwundene Berceaux (Laubengänge aus Holz mit Klettergewächsen berankt) von den Schmalseiten des Gebäudes zu den seitlichen Eingangstoren des Gartens und versperrten so den Blick von der vorderen Gartenseite in den hinteren Bereich. Dort befand sich ein Wasserbecken mit Fontaine und vogelähnlichen Wasserspeiern, daneben waren Aufstellflächen für exotische Kübelpflanzen, Boskettträume, regelmäßige Baumpflanzungen und quadratische erhöhte Terrassen mit Gitterpavillons angeordnet. Die gesamte Anlage war durch zahlreiche Skulpturen geschmückt. Einziger Überrest davon ist auf dem Rasen im vorderen Gartenteil die Figur der Minerva, der römischen Göttin des Handwerks, der Künstler, Dichter und Ärzte, zu erkennen an ihren Attributen Helm und Lanze.

Die Wasserkunst, die jenseits des Teiches den Garten abschließt, war einst das Prunkstück der Anlage. Eine hohe, mit drei Nischen versehene Bruchsteinmauer vermittelte durch ihren porösen Stein,

Idealplan des Gartens, um 1757 (Norden ist links)

*Gräfin Maria Eleonore zu Schaumburg-Lippe (*1744 †1776) vor Schloss Baum*

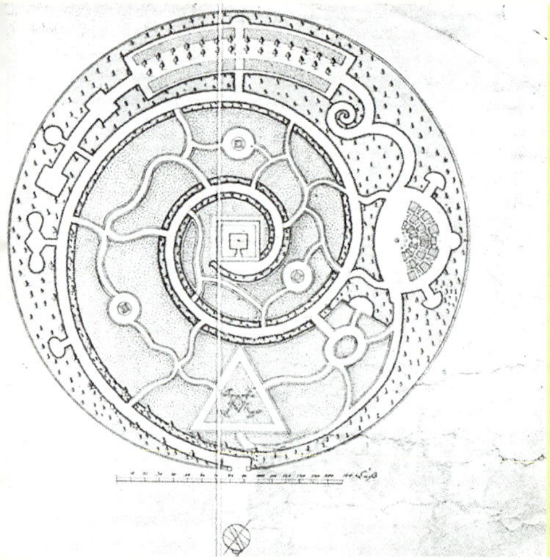

Plan des Ruhegartens um 1777

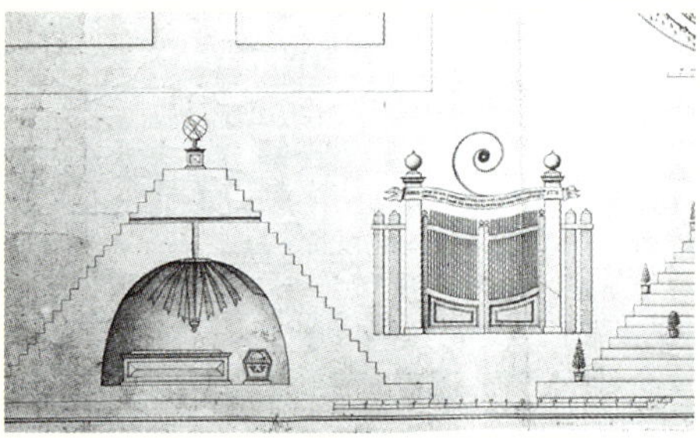

Grabpyramide im Querschnitt

Die Grabpyramide

die groben Fugen, den üppigen Moosbewuchs, die Verzierung mit Muscheln und vor allem durch das herunterplätschernde Wasser den Charakter einer Grotte. In den Nischen stehen heute Relikte des Figurenschmuckes, darunter ein Adler, der ursprünglich auf der Grotte thronte. Gerahmt wird die Grotte durch zwei steinerne Portale, die um 1600 für das Bückeburger Schloss geschaffen worden waren. Aufgrund von Umbaumaßnahmen hatte man sie 1730 in den dortigen Schlossgarten versetzt und 1758 mit 105 Wagenladungen nach Baum transportiert. Ihre Ornamentik und ihr figürlicher Schmuck symbolisieren das Wasser und die Musik. Um Fontänen und Wasserspiele im Garten zu ermöglichen, hatte man hinter der Grotte den sogenannten Schneckenberg aufgeschüttet. Über drei Kilometer wurde Wasser aus einem Bach nach Baum geleitet, wo es zum einen das Bassin speiste, zum anderen auf den Schneckenberg in einen hölzernen Bottich gepumpt wurde. Von hier gelangte es durch Röhren zu den Wasserspeiern und Springbrunnen. Abgesehen davon, dass die Wassermenge und der durch das Gefälle erreichte Wasserdruck kaum zu eindrucksvollen Ergebnissen geführt haben dürften, waren auch ständig Reparaturen nötig, da der Graben verschlammte, die Holzröhren faulten, die Kupferröhren bei Frost platzten und der hölzerne Bottich leckte.

Zu der Anlage von Baum gehörten ursprünglich neben dem zentralen Garten um das Schloss noch der Tiergarten jenseits der Landstrasse, ein Wirtschaftshof mit Küchengarten und Orangeriegebäude (in unmittelbarer Nachbarschaft an der heutigen Landstrasse gelegen) sowie ein Botanischer Garten um den großen Teich herum, der südlich des Schlosses im Wald liegt. Von diesen Elementen ist praktisch nichts erhalten.

Ein wenig abseits vom Schloss liegt im Wald die Grabpyramide der gräflichen Familie. 1774 war das einzige Kind von Graf Wilhelm und Gräfin Maria Eleonore im Alter von drei Jahren verstorben; nur zwei Jahre später verstarb auch die Gräfin. Direkt nach ihrem Tod begann Graf Wilhelm mit den Planungen für einen Begräbnisplatz. Es wurde eine einundzwanzigstufige Pyramide errichtet, deren Spitze von der Weltenkugel, der Armillarsphäre, gekrönt wird. Über dem Eingang findet sich folgende Inschrift: „Heilige Hoffnung, Ausfluss göttlicher Kraft, Quelle des

Schloss Baum

beglückenden Gedankens, dass Verbindungen, welche den erkenntnisfähigen Theil unserer Wesen vereinigen, allen Umbildungen des Wandelbaren ohngeachtet, unzerstörbar bestehen. 1776".
Umgeben war die Pyramide von einem kreisrunden Ruhegarten. Der Eingang ist an zwei im Waldboden liegenden Sandsteinschwellen zu erkennen, von denen aus der Weg gerade auf die Pyramide zuführt. Ursprünglich jedoch begann hier ein spiralförmiger Weg, der mehrfach um die Pyramide herum führte, welche man jedoch aufgrund von dichten Bepflanzungen erst sah, wenn man direkt vor ihr stand. Die Ausmaße des Kreises sind noch an einem kleinen Erdwall im Wald zu erkennen. Da Wilhelm bereits ein Jahr nach seiner Frau verstarb, ist anzunehmen, dass die Anlage nie ganz in seinem Sinne vollendet wurde.

SCHLOSSPARK BÜCKEBURG

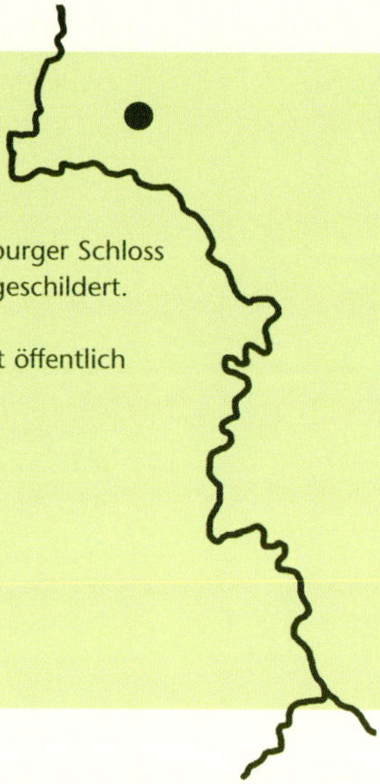

Das Bückeburger Schloss ist gut ausgeschildert.

Der Schlosspark ist öffentlich zugänglich.

Schloss Bückeburg entstand um 1300 als Wasserburg, seitdem wurde es oft umgebaut und erweitert. Der heutige Bau ist im Kern eine unregelmäßige Vierflügelanlage der Renaissance, die im Barock umgestaltet und Ende des 19. Jahrhunderts um einen weiteren Flügel und die beiden vorgelagerten Kavaliershäuser erweitert wurde. Nach wie vor liegt das Schloss auf einer Insel, von einem breiten Wassergraben umgeben.

Die Anfänge des Gartens liegen im 16. Jahrhundert. Westlich des Schlosses hatte sich ein kleiner von Hecken eingefriedeter Renaissancegarten befunden, der unter anderem mit Lavendel, Nelken, Rosmarin, Salbei und Lorbeer bestückt war. Als schmückender Mittelpunkt hatte ihm vermutlich der Brunnen gedient, der heute am nördlichen Rand des Parkes etwas verloren auf dem Rasen steht. Seine umlaufende Inschrift verkündet ein Entstehungsdatum in den 1560er Jahren. Im 17. Jahrhundert wurde der Garten weiter ausgebaut. Es gab ein zweistöckiges Lusthaus, ein Orangeriegebäude und reichen Figurenschmuck. Die Blumenbeete waren von Buchs eingefasst, darin wuchsen auch die neuesten Importe aus dem nahen Osten wie zum Beispiel Tulpen, für die große Summen ausgegeben wurden. Daneben gab es zahlreiche nicht winterharte Pflanzen in Kübeln, wie Pomeranzen, Feigen, Lorbeer, Granatapfel, Oleander und Jasmin.Unter Graf Albrecht Wolfgang zu

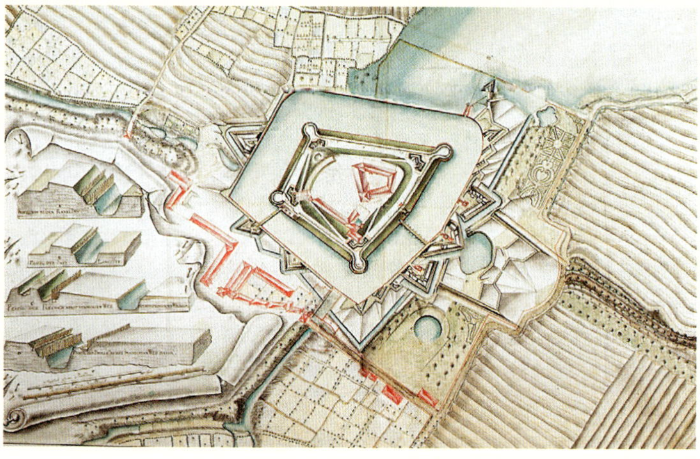

Die Zerstörung des Gartens durch die Befestigungsanlagen, um 1750

Das Bückeburger Schloss.

Schaumburg-Lippe wurde der Garten ab 1730 modernisiert. Es entstand ein Barockgarten, der an mehreren Längs- und Querachsen symmetrisch aufgebaut war. Einige Schnittpunkte der Achsen wurden durch Wasserbecken und Springbrunnen akzentuiert. Zwei steinerne Portale (heute in Baum) sowie die Figurengruppen von Adrian de Vries, die heute als Kopie auf der Schlossbrücke stehen, bildeten den Abschluss der markanten Hauptachse. Im Süden wurde der Garten durch ein Berceau, einen Laubengang aus Holzlatten, geschlossen. Die Binnenstruktur dieses Gartens bestand aus rechteckigen Beeten, die von niedrigen Buchshecken eingefasst und durch Eibenkegel akzentuiert wurden. Auch ein Labyrinth war vorhanden. Aus der barocken Anlage hat sich nichts erhalten, außer vielleicht die gerade Wegführung direkt an der Graft.

Mit der Regierungsübernahme von Albrecht Wolfgangs Sohn Wilhelm im Jahre 1748 trat eine jähe Zäsur in der Entwicklung des Schlossgartens ein. Wilhelm war sehr an militärischen Dingen

Rosengarten, historische Aufnahme

interessiert und empfand eine starke Bedrohung durch seine Nachbarstaaten. Deshalb ließ er eine Befestigungsanlage rund um das Bückeburger Schloss bauen, der weite Teile des Gartens zum Opfer fielen. Pflanzen und bewegliches Inventar wurden verkauft oder nach Baum transportiert (so die erwähnten Sandsteinportale).

Doch schon dreißig Jahre später, nach Wilhelms Tod, wurden die Befestigungsanlagen beseitigt. Graf Philipp Ernst und seine Frau Juliane veranlassten ab 1777 eine neue gärtnerische Gestaltung des Areals. Inzwischen hatte sich der Gartengeschmack vom formalen zum landschaftlichen Stil gewandelt. Es wurde eine noch heute erhaltene vierreihige Lindenallee angelegt (1950 erneuert), die ähnlich der barocken Hauptachse, jedoch leicht nach Süden versetzt, den Garten in zwei Hälften teilte. Die Verschiebung der Achse kam daher, dass man die Allee in gerader Verlängerung der Straße nach Minden auf die Schlossinsel zu führen wollte. An sich ein zu dieser Zeit bereits veraltetet Motiv, doch manchmal zählt der persönliche Geschmack eben mehr als die Mode.

Der Weg direkt an der Graft wurde 1785 mit Kastanien bepflanzt, von denen noch einige Exemplare erhalten sind. In der nördliche Hälfte des Gartens wurde das Gelände in rautenförmige Stücke geteilt und für den Obst- und Gemüseanbau genutzt. Als Zierelement diente hier ein kleiner Teich, wohl ein Rest der zu den Verteidigungsanlagen gehörenden Gräben. Dieses so genannte „Tintenfass" (wegen seiner dunklen Wasserfarbe) ist noch heute nördlich der breiten Querallee vorhanden. Der südliche Gartenteil wurde im landschaftlichen Stil angelegt. Dabei führten geschlängelte Wege um eine zentrale Wiese herum durch einen hainartigen Bestand aus Ahorn, Pappel, Birke, Erle und Lärche.

Ab 1870 erfolgte eine weitere intensive Umgestaltungsphase. Im Zuge der Neubauten der beiden Kavaliershäuser vor dem Schloss wurde auch der Schlossvorplatz neu gestaltet, nach einer Planung des hannoverschen Gartenbaudirektors Julius Trip. Er besteht im Wesentlichen aus zwei halbkreisförmigen Rasenstücken, die von einer Thujahecke eingefasst werden, und einer länglichen Rasenfläche dazwischen. Auf dieser steht der sogenannte Tugendbrunnen von 1552, der sich bis 1920 in Stadthagen befand.

Im Schlosspark wurden die Obst- und Gemüseflächen aufgegeben und auch der nördliche Teil in die Gestaltung miteinbe-

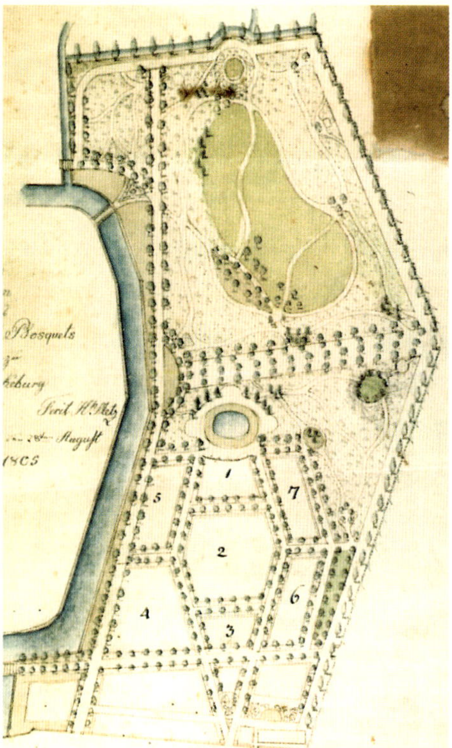

Plan von 1805

zogen. Auf dem Gelände des ehemaligen Nutzgartens wurde ein großes rundes Teppichbeet angelegt, seit den 1920er Jahren ist es ein Rosengarten, der heute von einer Eibenhecke umgeben ist. Nördlich des Rosengartens steht eine alte Sonnenuhr unbekannter Herkunft. Ebenfalls in den 1920er Jahren wurden die Tennisplätze in den Park eingefügt.

Im Schlosspark herrscht eine große Artenvielfalt. Viele der Bäume stammen noch aus der Umgestaltungsphase ab 1870, doch auch im letzten Jahrhundert wurde viele Exoten (nach-) gepflanzt. So finden sich beispielsweise Schnurbaum, Essigbaum, Paulownie, Mammutbaum, chinesisches Rotholz, Trompetenbaum, Ginkgo, Tulpenbaum und auch eine Süntelbuche, die anlässlich der Silberhochzeit des Fürstenpaares 1907 gepflanzt wurde.

Südlich des Garten befindet sich ein feuchtes Gebiet, das hauptsächlich mit Pappeln bestanden ist. 1906 beauftragte Fürst Georg den Wiener Garteninspektor Franz Maxwald mit der Planung für eine Parkerweiterung auf diesem Gelände. Die Ausführung kam allerdings nicht über erste Anfänge hinaus.

Im Jahre 1912 wurde das Mausoleum im Westen der Anlage vollendet. Vom Schlosspark aus führt eine Birkenallee zunächst axial auf das gewaltige Bauwerk zu, dann jedoch teilt sich der Weg nach rechts und links und eine weite Wiesenfläche lässt die Monumentalität des Mausoleum richtig zur Geltung kommen. Es ist gerahmt von immergrünen Nadelgehölzen.

Das Mausoleum

Die 1907 zur Silberhochzeit gepflanzte Süntelbuche

PALAISGARTEN BÜCKEBURG

Herminenstraße 23 a,
Bückeburg.

Die Anlage ist öffentlich zugänglich.

In der Nähe des Schlosses Bückeburg wurde für Fürstin Hermine zu Schaumburg-Lippe in den 1890er Jahren das Neue Palais im Stil der Neorenaissance als Witwensitz errichtet. Der Garten dazu wurde von Alfred Menzel entworfen. Dieser hatte im Bückeburger Residenzgarten seine Gärtnerlehre absolviert, war dann nach Potsdam gewechselt und später königlicher Gartenbaudirektor in Breslau geworden, der Kontakt in die Heimat war anscheinend jedoch nicht abgerissen.

Es handelte sich um einen typischen Villengarten des ausgehenden 19. Jahrhunderts, der jedoch in seiner Dimension dem Repräsentationsanspruch einer fürstlichen Residenz nachkam. An der Herminenstraße liegt der Haupteingang, eine rondellartige Auffahrt führt zum Palais, in dem sich heute eine Berufsbildende Schule befindet. Vor der Ostfassade des Palais lag ursprünglich ein Rosengarten mit regelmäßigen Beeten. Davon hat sich nur eine Rasenfläche erhalten, zu der einige Treppenstufen hinaufführen. Der eigentliche Garten liegt rechts neben und hinter dem Haus und besteht im Wesentlichen aus zentralen Wiesenflächen mit einzelnen Baumgruppen, wo hingegen die Grundstücksgrenzen mit dichtem Baum- und Strauchbewuchs abgepflanzt sind. Nach rechts zur Georgenstraße fällt das Gelände leicht ab, so dass man vom Haus aus das Schloss sehen konnte.

Auf der Südseite des Palais liegt eine Veranda. Im Bereich davor wurde ein großer unregelmäßig geformter Teich mit starken Ausbuchtungen und Inseln geschaffen. Um auf dieser Seite den Blick in Richtung Wesergebirge zu ermöglichen, war die Grenzabpflanzung an einigen Stellen unterbrochen.

Der Park hat durch Einbauten jüngeren Datums viel von seinem Charakter eingebüßt. So sind westlich des Hauses Parkplätze geschaffen worden und oberhalb des Teiches ist eine große Fläche durch den Neubau eines Seniorenheims verloren gegangen.

Eingang zum Palais

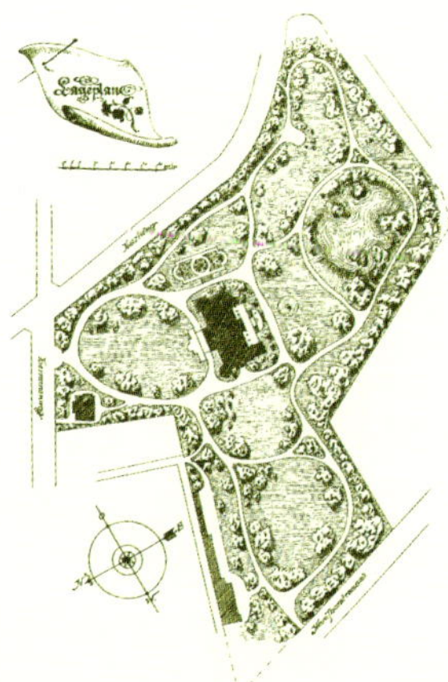

Plan des Palaisgartens

PARK KLUS

An der Grenze der Grafschaft Schaumburg nach Minden liegt ein altes Gasthaus mit Namen Klus. Hier schuf sich die vormundschaftlich regierende Fürstin Juliane zu Schaumburg-Lippe Ende des 18. Jahrhunderts einen Garten für den privaten Rückzug. Geblieben ist davon nicht viel, doch mit etwas Fantasie kann es gelingen, in dem feuchten Waldstück den einstigen Garten zu erkennen. Es handelte sich um eine landschaftliche Anlage, die in den vorhandenen Wald eingefügt wurde. Direkt gegenüber dem Gasthaus „große Klus“ führt heute noch eine Allee in den Wald. Der Weg führt geradewegs auf einen künstlichen Teich zu, in dem zwei Inseln liegen. Nun muss man versuchen, sich das Gelände sowohl entlang der Allee als auch um den Teich herum als gestalten Park vorzustellen. Geschwungenen Wege wurden von Rasenflächen und wohlplazierten Baumgruppen begleitet, Brücken führten zu der größeren Insel und über die Zu- und Abflüsse des Teiches. Bänke luden zum Verweilen ein und exotisch dekorierte Hütten brachten einen Hauch der weiten Welt nach Schaumburg-Lippe.

Gegenüber des Gasthauses „Große Klus“ (großes Fachwerkhaus) direkt an der L 534 im Wald zwischen Röcke und Clus.

Die Anlage ist öffentlich zugänglich.

Es ist der Gedanke der Freiheit, der Aufklärung, der in der Anlage zum Ausdruck kommen sollte. Auf vermutlich unverwirklichten Entwürfen ist die eine Insel im Teich als „Rousseau-Insel“ gestaltet. Nach dem Tode des Philosophen 1778 wurden in Anknüpfung an die ihm gewidmete Grabinsel in Ermenonville in zahlreichen Landschaftsgärten Inseln mit einem Kreis von Pyramidenpappeln bepflanzt, wie man es beispielsweise heute noch in Wörlitz sehen kann. Auch sollte ein strohgedecktes Borkenhäuschen Assoziationen mit Tahiti wecken, einen Ort, wo die Anhänger der Aufklärung in letzten Viertel des 18. Jahrhunderts die Ideale der Revolution bereits verwirklicht glaubten.

Allee zum Teich

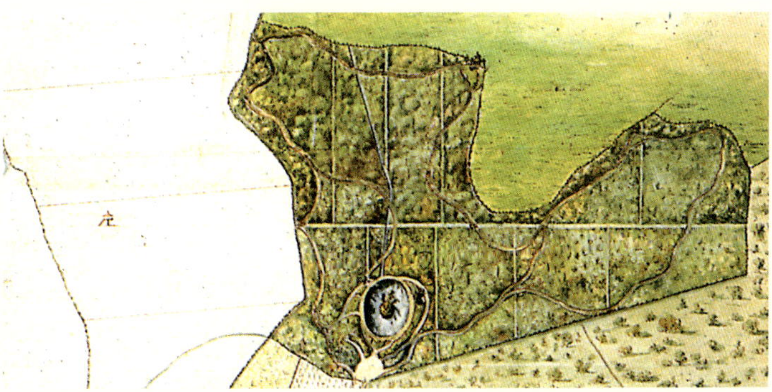

Historischer Plan, um 1800

KURPARK BAD EILSEN

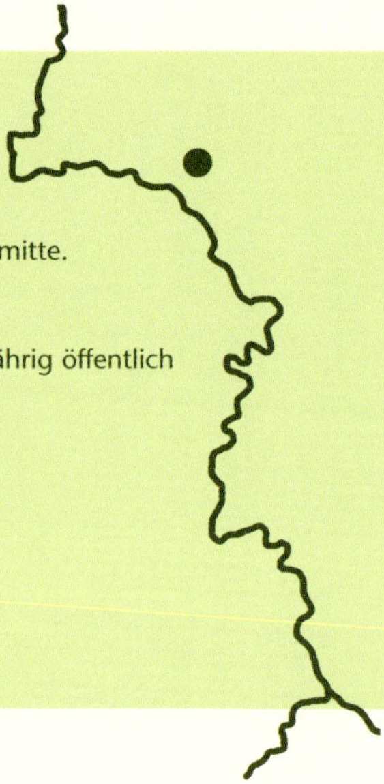

In der Ortsmitte.

Der Park ist ganzjährig öffentlich zugänglich.

Der Kurpark in Bad Eilsen verdankt seine Gründung der Fürstin Juliane zu Schaumburg-Lippe. Als sie davon hörte, dass es in Eilsen Schwefelquellen gibt, veranlasste sie 1792 eine chemische Untersuchung des Wassers und beschloss, einen Kurort zu gründen. Nach ihrem frühen Tod 1799 übernahm zunächst der Vormund ihres Sohnes, Graf von Wallmoden-Gimborn und später dann ihr Sohn den weiteren Ausbau des Bades, das um 1805 als erstes Schwefel-Schlammbad Deutschlands seinen Kurbetrieb aufnahm. Im Laufe des 19. Jahrhunderts entwickelte es sich zu einem beliebten Modebad, das nicht nur von der fürstlichen Familie, sondern auch von berühmten Persönlichkeiten wie Franz Liszt und Gerhart Hauptmann besucht wurde. Anfang des 20. Jahrhunderts erfolgte eine umfassende Modernisierung, bei der die alten Fachwerkhäuser abgerissen und durch neue Häuser ersetzt wurden. Die meisten heutigen Gebäude stammen aus dieser Zeit, so zum Beispiel das 1918 erbaute Hotel Fürstenhof. Nur das Georg-Wilhelm-Haus stammt in seinem Kern aus den Anfangsjahren des Bades.

Das Gelände, auf dem sich heute Kurpark und Kureinrichtungen befinden, war ursprünglich eine sumpfige Wiese. Deshalb wurden zunächst die verstreut liegenden Quellen gefasst und der Bach Aue begradigt, bevor man mit der Errichtung von Bade- und Logierhäusern beginnen konnte. Die Grünanlagen hatten von Anfang an einen hohen Stellenwert. Grundgerüst war und ist ein Alleenkreuz, gebildet aus Harrlallee und Brunnenpromenade.

Säulen umrahmen die Tuffsteinquelle

Die Harrlallee, benannt nach dem Höhenzug zwischen Bückeburg und Eilsen, wurde bereits um 1800 angelegt. Man hatte sie zunächst abwechselnd mit Pappeln und Linden bepflanzt, da es Lieferschwierigkeiten für die in Bremen bestellten Linden gab; heute besteht sie ausschließlich aus hoch aufragenden Linden. Sie führt vom Waldrand den Hang hinunter, kreuzt die heute leider stark befahrene Hauptstraße und läuft im Kurpark direkt auf die so genannte „Tuffsteinquelle“ zu, welche von einem 1914 geschaffenen Säulenhalbkreis betont wird.

Krokusblüte

Diesseits des Baches wird der Park durch Wege und Allee rasterförmig gegliedert. Von der Harrlallee zweigt im rechten Winkel die Brunnenpromenade ab, die 1806 ebenfalls als Pappel- und Lindenallee angelegt wurde und seit den 1960er Jahren durch ein Band aus runden und länglichen Wasserbecken mit Springbrunnen

Bad Eilsen, Anfang des 19. Jahrhunderts

geprägt ist. An ihr liegt die Julianenquelle, deren Brunnenhaus 1918 entstand. Rotblühende Kastanien säumen heute den Weg. Ein umfangreiches Rosarium erstreckt sich neben der Brunnenpromenade. Auf der anderen Seite der Harrlallee liegt der Konzertplatz, der durch regelmäßig gepflanzte Kastanien beschattet wird.

Jenseits der Aue ist die Gestaltung landschaftlicher. Weite Rasenflächen werden durch sanft geschwungene Wege durchzogen. Die Bäume sind häufig in Gruppen der gleichen Art, beispielsweise Linden, Platanen oder Lärchen, gepflanzt, was recht reizvoll wirkt. Auch sind im Park viele Exoten verteilt wie Tulpenbaum, Mammutbaum oder Persische Eiche. Erfreulicherweise sind fast alle Bäume beschriftet, so dass man auf botanische Entdeckertour gehen kann.

Brunnenpromenade

Harrlallee

SCHLOSS ARENSBURG

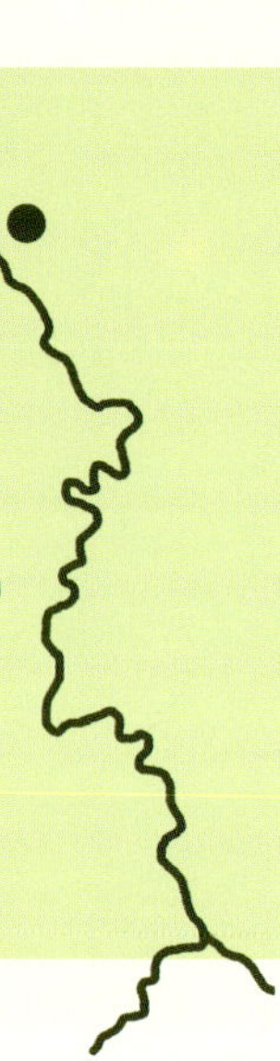

Direkt an der L 442 auf der Passhöhe zwischen Buchholz und Steinbergen.

Park und Schloss sind in Privatbesitz, können jedoch nach Anmeldung besichtigt werden [05751-17950].

Die Anfänge der Arensburg am Steinberger Pass reichen bis um 1300 zurück. Im 16. Jahrhundert wurde die Anlage erweitert, so dass viele Gebäude der Burganlage ihren Ursprung in dieser Zeit haben. Über die Anfänge des Gartens ist allerdings kaum etwas bekannt. Da die Burg den Fürsten zu Schaumburg-Lippe auch als Jagdsitz diente, ist anzunehmen, dass Teile der Umgebung als Tiergarten genutzt wurden. Zu Füßen der Burg liegt der sogenannte „Hexenteich“, in dem der Legende nach im 17. Jahrhundert die als Hexen verleumdeten Frauen der „Wasserprobe“ unterzogen wurden. Das bedeutete, sie wurden an Händen und Füßen gefesselt ins Wasser geworfen; schwammen sie oben, waren sie schuldig und wurden verbrannt, gingen sie unter, waren sie zwar unschuldig, aber ertrunken.

Seit Anfang des 19. Jahrhunderts hatte das fürstliche Haus größeres Interesse an der Burg und ließ sie im neugotischen Stil umbauen. Auch begann man in den 1820er Jahren, einen landschaftlichen Park anzulegen, dessen Grundgestaltung heute noch im Gelände zu erkennen ist. Wohl von Anfang an war dieser Park auch öffentlich zugänglich und diente den Badegästen in Bad Eilsen als Ausflugsziel.

Bei der Parkgestaltung wurden dem vorhandenen „Hexenteich“ weitere Teiche hinzugesellt, so dass eine Kette von verbundenen Fischteichen entstand. Es wurden Brücken, Ufermauern und ein gotischer Mauerbogen aus Tuffstein errichtet, die noch vorhanden sind und den malerisch-verwunschenen Charakter unterstreichen. Oben an der Burg entstand ein rondellartiger Sitzplatz aus dem gleichen Material, der von einem Bergahorn beschattet wird.

Die Burg liegt in sehr reizvoller Lage auf einer kleinen Bergkuppe mit relativ steilen Hängen. Entlang der Höhenlinien verlaufen mehrere Wege, die auch durch Treppen miteinander verbunden werden. Während heute ein waldartiger Charakter vorherrscht, sah die ursprüngliche Anlage an den Hängen Rasen vor, auf dem einzelne Solitärgehölze standen. Im Bereich der Schlosszufahrt haben sich diese offenen

Blühender Lerchensporn am Burghang im Frühjahr

Zeichnung der Arensburg aus dem 19. Jahrhundert

Rasenflächen erhalten. Links des Schlosses finden sich beispielsweise eine mächtige schlitzblättrige Buche sowie eine Platane. Doch auch im waldartigen Bestand hinter dem Schloss sind zwischen dem Jungaufwuchs viele alte Gehölze erhalten, darunter eine außergewöhnlich mächtige Eßkastanie, viele Pyramideneichen, Blutbuchen und Scheinzypressen. Das gesamte 19. Jahrhundert hindurch wurden zahlreiche exotische Bäume gepflanzt, die insbesondere aus Amerika stammten und teilweise aus importiertem Samen selbst gezogen wurden, so dass der Park um 1900 den Ruf einer Sammlung dendrologischer Besonderheiten hatte. Für botanisch Vorgebildete mag sich hier eine spannende Entdeckertour ergeben.

Mauerbogen aus Tuffstein

Blick über die Zufahrt zum Schloss in Richtung Bückeberge

WALLANLAGEN RINTELN

Der Wall umgibt das alte Stadtzentrum von Rinteln.

Die Anlagen sind öffentlich zugänglich.

Rinteln liegt direkt an der Weser und wurde um 1230 durch Graf Adolph von Schaumburg und Holstein gegründet. Dass es sich um eine planmäßig angelegte Stadt handelt, erkennt man an dem rasterförmigen Straßenverlauf, der sich bis heute erhalten hat. Geschützt wurde die Stadt durch eine Stadtmauer mit Wall und Graben. Nach dem Dreißigjährigen Krieg war der östliche Teil des Schaumburger Landes Hessen zugeschlagen worden (die sogenannte Grafschaft Schaumburg in Gegensatz zum westlich gelegenen Schaumburg-Lippe) und Rinteln wurde die Hauptstadt dieser Exklave.

Im Jahre 1665 wurde auf Veranlassung der hessischen Landgräfin Hedwig Sophie mit dem Ausbau Rintelns zur Festung begonnen. Über zehn Jahre dauerten die Arbeiten an dem mächtigen Bauwerk, das nach dem Vorbild des französischen Festungsbaumeisters Vauban auf sternförmigem Grundriss rund um die Stadt errichtet wurde, wobei die alte Stadtmauer bestehen blieb und davor Hauptwall, Vorwall (Faussebraie), Wassergraben und Außenwall (Contrescarpe) angelegt wurden. Einschließlich der freizuhaltenen Fläche (Glacis) vor dem Außenwall hatte die Anlage eine Breite von achtzig Metern. Dafür wurden zahllose Bürger, die vor der alten Stadtmauer Nutzgärten unterhielten, enteignet.

Reste des Grabens am Blumenwall

Seinen Zweck erfüllte das aufwendige Bauwerk allerdings kaum, denn sowohl im Siebenjährigen Krieg (1756-1763) als auch in den Napoleonischen Kriegen wurde Rinteln kampflos eingenommen. So war es denn auch der französische Generalgouverneur Gobert, der im Dezember 1806 befahl, dass die Festung innerhalb von vier Tagen geschliffen werden solle. Dazu wurden, wie schon hundertvierzig Jahre zuvor zum Bau, Bauern und Stadtbürger zwangsverpflichtet. Die Arbeiten zogen sich aber doch über Monate hin.

Auf dem Hauptwall wurde eine Promenade angelegt und eine Allee aus italienischen Pappeln gepflanzt. Im westlichen Teil wurde eine Parkanlage, der Blumenwall, geschaffen. Das übrige Land wurde parzelliert und an Rintelner Bürger verpachtet, mit der Auflage, es nur gartenbaulich zu nutzen, falls man doch einmal wieder würde befestigen müssen. Nachdem dieser Gedanke endgültig vom Tisch war, konnten die Bürger das Land ab 1865 kaufen.

Noch heute bildet das Zickzack der Straße auf dem ehemaligen Wall deutlich den Verlauf der einstigen Befestigungsanlagen ab. Bei einem lohnenswerten Spaziergang kann man auf der Außenseite Villen aus den verschiedensten Bauphasen des 20. Jahrhunderts bestaunen, denn hier ist seit dem späten 19. Jahrhundert das bevorzugten Wohngebiet wohlhabender Bürger. Hinter den Häusern fallen die Gärten stark ab, daran erkennt man noch den ehemaligen Graben. Auf der Innenseite des Walls finden sich Reste der Stadtmauer und des inneren Stadtgrabens. Die Innenflächen der spitzen Bastionen sind durchweg als öffentliche oder private Grünflächen gestaltet.

Beim Blumenwall auf der westlichen Seite ist noch ein Stück der alten Graft erhalten. Der Park enthält weiterhin ein Rosarium, eine alte Lindenallee, zahlreiche Gedenksteine sowie zwei Gedenkeichen auf der Wallkrone: als ältesten Baum die sogenannte „Friedenseiche“ von 1813 (Ende der französischen Besatzungszeit) und daneben eine Eiche von 1871 (Gründung des Deutschen Reiches).

Wallanlage mit altem Baumbestand

Aktuelles Luftbild

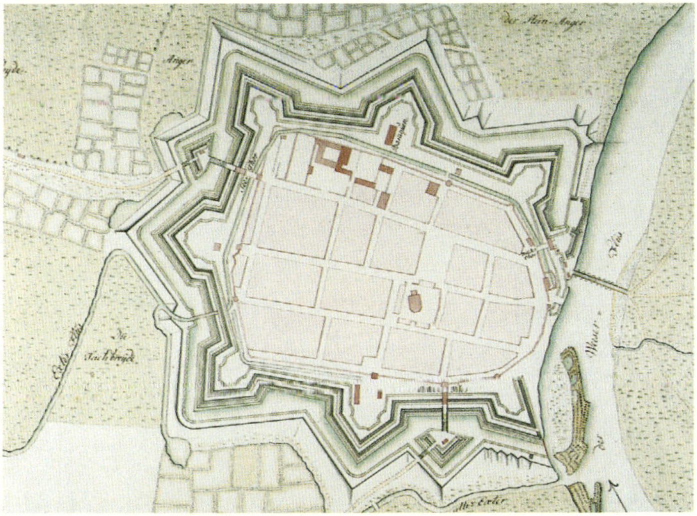

Historischer Stadtplan von Rinteln

GUT EXTEN

Am nördlichen Ortsrand von Exten direkt an der L 433; Mittelstraße 23.

Die Anlage ist in Privatbesitz, kann jedoch auf Anfrage besichtigt werden [05751-46614].

Das Gutshaus in Exten wurde 1727 durch Christian Philipp von Wartensleben errichtet, wohl auf den Grundmauern eines älteren Gebäudes. Seit der Mitte des 19. Jahrhunderts ist es im Besitz der Familie von Meien.

Direkt hinter dem Haus fließt die Exter, über eine Brücke gelangt man in den Garten. Eine erste barocke Gartenanlage entstand vermutlich im Zusammenhang mit dem Schlossneubau 1727. Dabei handelte es sich um eine kleine formale Anlage, ein symmetrisch auf das Schloss ausgerichtetes Rechteck mit absidenförmigem Abschluss, das durch einen Längs- und mehrere Querwege in einzelne Felder geteilt wurde (s. Plan S. 9). Diese Felder muss man sich größtenteils mit Gemüse und Kräutern bestellt vorstellen. Als Zierde waren kleine Eibenpyramiden entlang der Hauptwege, ein Brunnen im Scheitelpunkt der beiden Hauptachsen sowie Statuen vorhanden. An der hausseitigen Schmal- und der nördlichen Längsseite diente die Exter als Begrenzung und Einfassung. Auf den anderen beiden Seiten war eine Graft angelegt, von der sich heute noch Reste im Gelände finden. Der Garten war somit fast vollständig von Wasser umgeben.

Im 19. Jahrhundert fand eine landschaftliche Umgestaltung statt. Dazu legte der hessische Hofgärtner Homburg 1807 einen Plan vor, der etwas überfrachtet wirkt und so wahrscheinlich auch nicht ausgeführt wurde.

Heute erschließt ein axialer Hauptweg den Garten und führt vom Schloss zu einem Tor in der gegenüberliegenden Seite. Er wird von einer Eichenallee begleitet, die in der ersten Hälfte des 20. Jahrhunderts entstand, als man zur Geburt einen jeden Kindes einen Baum pflanzte. Die erste Eiche rechter Hand verdient besondere Beachtung: ihr bizarrer Wuchs ist unten der einer Korkenziehereiche, oben der einer Pyramideneiche. Sie ist eine von den Solitärgewächsen, die im 19. Jahrhundert die

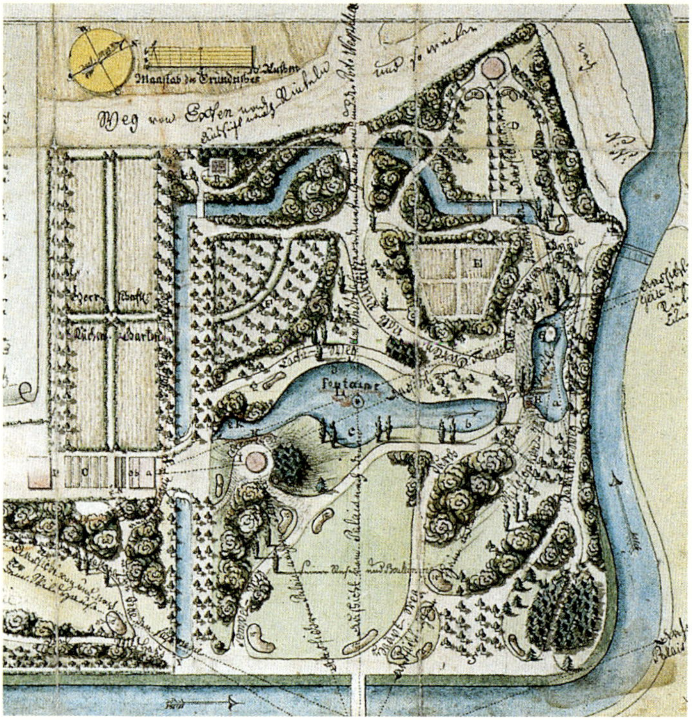

Plan vom Gutspark Exten 1807 (G.W. Homburg)

zentrale Wiese schmückten, wovon auch noch zwei Esskastanien zeugen. Vor der Brücke zum Schloss ist der Weg zu einem Rondell mit zentralem Wasserbassin erweitert. Dies ist eine Schöpfung des 20. Jahrhunderts, wobei die Putten und Postamente vielleicht noch aus dem 18. Jahrhundert stammen.

Der nördliche Gartenteil an der Exter vermittelt einen waldartigen Eindruck. Ein Randweg führt direkt am Fluss entlang. Auf der anderen Wegseite liegt die Vertiefung eines trockengefallenen Teiches. Als er noch mit Wasser gefüllt war, muss der Weg zwischen zwei Gewässern besonders reizvoll gewesen sein. Um 1900 war er jedoch wahrscheinlich schon trockengefallen, denn es wurde ein Eiskeller in den Hang gebaut, in den im Winter Eisblöcke eingelagert wurden, die bis in den Sommer hinein hielten und so ein Frischhalten von Nahrungsmitteln ermöglichten. Oberhalb eines Wehres in der Exter befindet sich ein Aussichtsplatz mit weitem Blick in die Feldmark. In der äußersten nordwestlichen Ecke des Gartens ist über einem gemauerten Gewölbe Erdreich bis zur Mauerkrone aufgeschüttet worden, sowohl in der Grotte als auch oben auf sind Sitzplätze zu denken. Davor liegt das Erbbegräbnis der Familie von Meien, dessen Mittelpunkt durch einen Obelisken akzentuiert wird, der um 1814 zum Gedenken an das Ende der Napoleonischen Kriege errichtet wurde und daher den Namen „Denkmal des Friedens“ trägt.

Der südliche Teil des Gartens ist heute durch eine Hecke getrennt. Hier steht die 1810 errichtete Orangerie, die jetzt als Wohnhaus dient.

Blick durch den Garten auf das Gutshaus

Bizarre Eiche an der zentralen Wiese

STIFT FISCHBECK

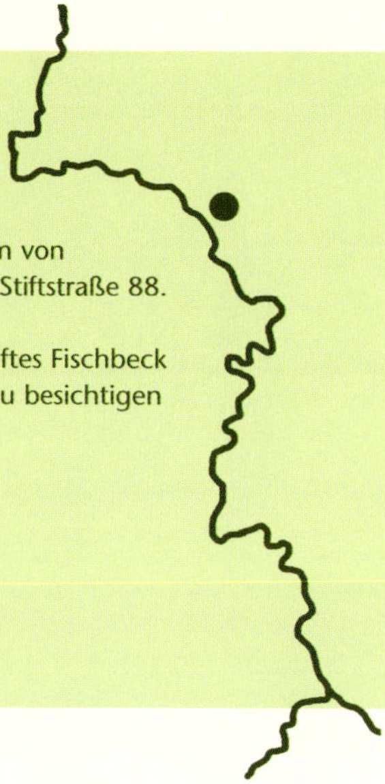

Im Zentrum von Fischbeck; Stiftstraße 88.

Die Gärten des Stiftes Fischbeck sind auf Anfrage zu besichtigen [05152-98299].

Das Damenstift Fischbeck wurde 955 gegründet, wechselte 1559 zur lutherischen Konfession und beherbergt noch heute eine Äbtissin und sieben Stiftsdamen. Der Komplex setzt sich zusammen aus der Kirche und dem daran anschließenden Kreuzgang, sowie einer Vielzahl von weiteren Gebäuden, zumeist aus Fachwerk, die den einzelnen Stiftsdamen als separate Wohnungen dienen. Dazu kommen Scheunen und Stallungen, denn das Stift unterhielt in früheren Zeiten einen eigenen landwirtschaftlichen Betrieb. Vielfältige Gartenräume haben sich im Stift Fischbeck erhalten.

Von dem offenen Kreuzgang mit seinen wunderschönen Maßwerkfenstern gelangt man in den Kreuzgarten. Dieser wurde jahrhundertelang als Friedhof für die Stiftsdamen genutzt, wovon noch einige alte Grabplatten, die im Kreuzgang aufgestellt sind, zeugen. Erst 1824 wurde auf Grund der „Übernutzung" des Kreuzgartens außerhalb des Stiftsgeländes ein neuer Friedhof angelegt, zumal seit der Reformation der Wunsch, in der Nähe des Altars begraben zu werden, keine ausgeprägte Rolle mehr spielte. Anlässlich eines Besuches Kaiser Wilhelm II. im Jahre 1909 wurde der Kreuzhof aufwändig gestaltet. Dazu wurde ein Wegekreuz angelegt, in dessen Mitte eine Linde gepflanzt wurde. Diese ist inzwischen einem Rosenrondell gewichen und an den Seiten erfreuen üppige Staudenrabatten.

Kreuzgang mit Stiftskirche.

Anders als bei einem katholischen Kloster führt bei einem evangelischen Damenstift jede Stiftsdame ihren eigenen Haushalt. Daher gab und gibt es für jede Dame ein Stück Gartenland zur eigenen Bewirtschaftung und Nutzung, die sogenannten Damengärten westlich der Stiftgebäude. Die schmalen langgestreckten Gärten schließen zum Teil unmittelbar an die Wohnungen an. Sie reichen bis zur äußeren Stiftsmauer und waren durch Staketzäune von einander getrennt. Die Aufteilung der gesamten Fläche in diese Einzelgärten hat sich seit 1774 nicht geändert. Allerdings haben sich die Gärten von ehemals vorrangigen Obst- und Gemüsegärten zu mehr oder weniger reinen Aufenthaltsgärten mit nur noch wenig Nutzfläche gewandelt. Doch auch in früheren Jahrhunderten spielte der Zieraspekt eine Rolle, wie einzelne sehr alte Bäume, darunter zwei Platanen und eine sogenannte tausendjährige Eibe bezeugen. Ein interessantes Detail sind die „Neugierden" an der Mauer am Ende

Von Buchs eingefasste Kräuterbeete

der Gärten. Diese Erdhügel dienten als Sitzplätze, von denen man einen weiten Blick zur Weser hatte. Daneben gibt es auch einen halbrund ummauerten Sitzplatz, eine sogenannte Grotte. In einem der Gärten hat man in jüngster Zeit einen Kräutergarten nach mittelalterlichem Vorbild angelegt. Vierundzwanzig von Buchs eingefasste rechteckige Beete werden von einem Weidenflechtzaun umgeben. Hier wachsen Heil- und Würzkräuter, aber auch Symbolpflanzen wie Lilie und Rose (als Attribute der Jungfrau Maria).

Der äußerste Gartenstreifen wird von den übrigen Gärten durch eine alte Fachwerkmauer und von dem Wirtschaftshof durch eine historisierende Mauer im neoromanischen Stil mit hübschen Fensterdurchbrüchen getrennt. Hier hatte um 1800 die Äbtissin Dorothea Eleonore von Hammerstein einen kleinen landschaftlichen Park angelegt. Auch hier findet sich eine Grotte. Die Rasenfläche ist mit einigen Solitärgehölzen aus der Gründungszeit bestanden, darunter ein Ginkgo und eine Amerikanische Hasel.

Mauerdurchblick in den Park

Gegenüber dem Abteigebäude markieren einige Kastanien und Birken den Verlauf einer alten Allee. Durch ein Tor gelangt man in den Bereich des ehemaligen „Hopfengartens". Hier verweisen ein alter Walnussbaum sowie einige alte Obstbäume auf die Nutzung als Wirtschaftsgarten. Am Ende des gradlinigen Weges findet sich wiederum ein Hügel mit einer großen Linde zur Aussicht in die Landschaft.

PFARRGARTEN BEBER

Im Ortskern von Beber, neben der Kirche.

Der Garten ist im Besitz der Kirchengemeinde und kann nach Anmeldung besichtigt werden [05043-458].

Bei dem Pfarrgarten in Beber handelt es sich um ein schönes Zeugnis ländlicher Gartenkultur, das zeigt, dass nicht nur adelige Gutsherren Interesse für die Gartenkunst hatten. Das zweistöckige Pfarrhaus aus Fachwerk wurde 1708 errichtet. Sicherlich wird es ursprünglich von Nutzgärten umgeben gewesen sein. Im 19. Jahrhundert wurde mit der Anlage eines landschaftlichen Gartens begonnen. Prägendes Element ist ein kleiner Bach (die Zingel) der den Garten durchfließt und an mehreren Stellen überquert werden kann. In Hausnähe finden sich einige Ziersträucher, und im Frühling ist der Rasen übersäht von Frühjahrsblühern. Zahlreiche kugelige Buchssträucher setzten Akzente. Jenseits des Baches steigt das Gelände leicht an. Ein Rundweg führt vom Haus über den Bach dort hinauf, wo sich die besonderen Bäume des Garten befinden: eine mächtige, vielleicht hundertfünfzig Jahre alte Süntelbuche und mehrere Schwarzkiefern mit gegabelten Stämmen.

Weg über den Bach

Ein besonderer Baum ist die Süntelbuche (Fagus sylvativa Suentelensis). Es handelt sich dabei um eine Mutation der gewöhnlichen Rotbuche, die im Süntel besonders häufig vorkommt und durch ihren bizarren Wuchs beeindruckt. Die Äste wachsen kreuz und quer, knicken rechtwinklig ab, verwurzeln sich am Boden, wachsen wieder empor, so dass ein undurchdringliches Dickicht entsteht. In alter Zeit sah man die Süntelbuche als Teufelszeug an, zudem war das krumme Holz wirtschaftlich nicht nutzbar, zwei gute Gründe, sie auszurotten. Dies geschah in großem Umfang Mitte des 19. Jahrhunderts, so dass heute im Süntel selbst nur noch ganz wenige Exemplare erhalten sind.

Dafür hat die Süntelbuche als Parkbaum Karriere gemacht, und viele Gärten der Region weisen einen älteren oder jüngeren Baum auf. Besonders sehenswert ist die Allee aus Süntelbuchen in Bad Nenndorf, die Anfang des 20. Jahrhunderts gepflanzt wurde. Einen sehr alten und mächtigen Baum kann man übrigens im Berggarten, dem botanischen Garten in Hannover, bestaunen.

Süntelbuche im Pfarrgarten Beber

KURPARK BAD MÜNDER

Der Ausschilderung Kuranlagen ab Umgehungsstraße B244 folgen.

Der Kur- und Landschaftspark ist ganzjährig öffentlich zugänglich. Weitere Infos: 05042-929804

In Bad Münder entstand in den 1990er Jahren ein moderner Kurpark nach dem Entwurf des Schweizer Landschaftsarchitekten Dieter Kienast. Ihren besonderen Reiz erhält die Anlage durch ihre Hanglage und die akzentuierte Verwendung von Pflanzen und Wasser.

Der alte Kurpark am Fuß des Hanges, wo sich auch die Kureinrichtungen befinden, ist mit alten Kastanien und Buchen bestanden. Hier treten mehrere Quellen zu Tage, von denen die eine mit einem schlichten Tempelchen überbaut ist. An einem Brunnen in Form eines drei Meter hohen Steinquaders sind an den Seiten die Symbole der vier wichtigsten Bestandteile des Heilwassers angebracht: Eisen, Sole, Magnesium und Schwefel. Ein nach historischem Vorbild errichtetes Gradierwerk verdeutlicht die Salzgewinnung in früheren Zeiten. Das Solewasser wird über ein Geflecht aus Schwarzdornzweigen geleitet, durch die Verdunstung beim Herunterrieseln erhöht sich die Konzentration der Sole im Wasser. Heute wird die gesundheitsfördernde Wirkung der Anlage genutzt, denn durch das Einatmen der feinen Aerosole werden Atemwegserkrankungen gelindert.

Nach historischem Vorbild erbautes Gradiewerk

Den Hang hinauf erstreckt sich der neue Kurpark. Durch die Hanglage ergibt sich ein weiter Blick ins Tal, der besonders von dem „Bellevue“ benannten Aussichtsplatz genossen werden kann. Weite Rasenflächen wechseln ab mit Gehölzpflanzungen, die oft in Gruppen gleicher Art streifenförmig angeordnet sind. Dieses Motiv taucht überraschend im Frühjahr wieder auf, wenn im Rasen gelbe Steifen von Narzissen erscheinen.

Auf der Kuppe des Hanges liegt der Parksee. In das architektonische Wasserbecken schieben sich die steinernen Rücken zweier „Seeungeheuer“. Auf der gegenüberliegenden Schmalseite nehmen die Einschnitte des Überlaufes als spitze Kerbungen die Form der „Rücken“ wieder auf.

Modern gestaltetes Wasserbecken.

Blick vom Bellevue

RITTERGUT HASPERDE

Am nördlichen Rand der Ortschaft Hasperde an der L 423; Hasperder Str. 4.

Der Gutspark Hasperde ist in Privatbesitz und kann freitags von 14-17 Uhr sowie nach Absprache besichtigt werden [05151-52490].

Das Rittergut Hasperde wurde erstmals im 15. Jahrhundert erwähnt, das heutige Erscheinungsbild stammt jedoch maßgeblich aus dem 19. Jahrhundert. In den Jahren 1883 bis 1893 wurde das Schloss im Stil der Neorenaissance erneuert. Da es 1943 verkauft worden war (es beherbergt heute ein Seniorenheim), wurde — ihm vorgelagert — 1952 ein neues, schlichtes Herrenhaus errichtet. Hieran schließt sich auch der Gutspark an.

Zunächst hatte sich auf dem Gelände des Parks ein geometrisch gestalteter Obst- und Gemüsegarten befunden, der durch eine große Scheune vom Schlossbereich getrennt war. Um 1825 begann Fritz von Hake, einen landschaftlichen Park anzulegen, der in den folgenden Jahrzehnten beständig weiterentwickelt wurde. Die ältesten Elemente sind ein rechteckiges Gartenhaus, das um 1820 errichtet wurde, dessen Fundamente aber bereits aus der Mitte des 18. Jahrhunderts stammen, sowie der ebenfalls bereits im 18. Jahrhundert vorhandene Teich.

Der Baumbestand wurde seit 1825 kontinuierlich erweitert. So bietet der Park heute eine bemerkenswerte Fülle an exotischen Bäumen und botanischen Raritäten, darunter Trompetenbaum, Tulpenbaum, kaukasische Eiche, Perückenstrauch, Süntelbuche und Sumpfzypresse. Auch eine Vorliebe für bizarre Blattformen ist festzustellen, wie die Exemplare von schlitzblättriger Erle, Buche und Eiche bezeugen. Die bereits um 1825 gepflanzte Griechische Tanne dürfte das älteste Exemplar in Mitteleuropa sein.

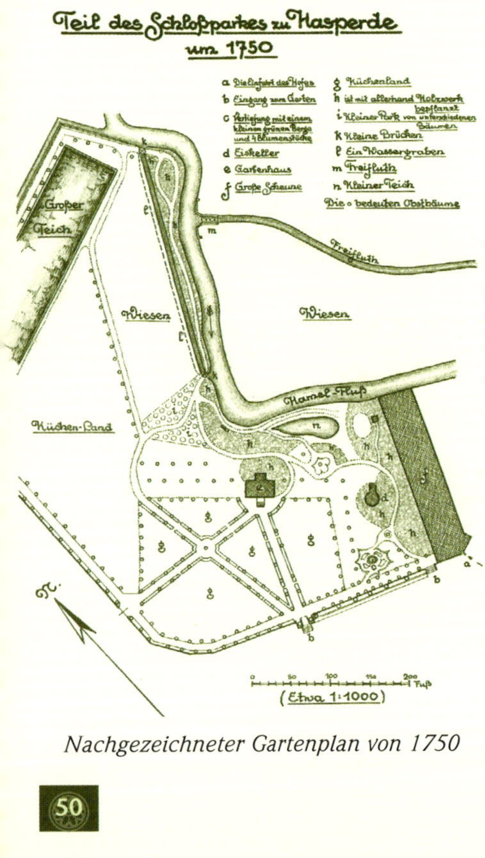

Nachgezeichneter Gartenplan von 1750

Gartenhaus

Das dichte Wegenetz wurde nach dem Ersten Weltkrieg angelegt. Durch den Wechsel von offenen Rasenflächen, Einzelbäumen und Baumgruppen ergeben sich vielfältige Blickbeziehungen innerhalb des Parkes, zum Gartenhaus, zum Schloss, aber auch aus dem Park hinaus in die Landschaft. Vor allem von den zahlreichen Sitzplätzen aus sind diese Sichtachsen zu erleben. Direkt an dem neuen Herrenhaus befindet sich eine halbrund gemauerte Grotte, die sich ursprünglich zum Schloss öffnete, nach dessen Verkauf aber gedreht wurde, sodass sie sich nun dem neuen Herrenhaus zu wendet. Eine weitere Grotte dieser Art wurde am östlichen Ende des Teiches errichtet, und an der Längsseite des Gewässers hat man das Grottenmotiv mit einer halbrunden Eibenhecke aufgenommen. Am westlichen Ende des Teiches ist die Erde bis an die Krone der Gartenmauer aufgeschüttet, sodass ein erhöhter Aussichtsplatz entsteht. Alle Sitzplätze sind mit steinernen Tischen ausgestattet.

An der Einfahrt zum Schlosshof führt ein Weg an der alten Mühle vorbei in den östlichen Teil des Parks. Hier herrscht heute ein waldartiger Charakter vor, es finden sich aber noch Reste der ehemaligen Gestaltung. Folgt man dem Weg auf die rückwärtige Seite des Schlosses, gelangt man an einen Hang, auf den steinerne Stufen hinauf führen. Daneben finden sich Reste einer gemauerten Grotte, von der man einen schönen Blick auf das Schloss hatte.

Oben auf dem Hang, direkt an der Feldgrenze, steht das Mausoleum. Es wurde 1882 als Erbbegräbnis der Familie von Hake erbaut. Wie auch das Schloss orientiert es sich an der Formensprache der Renaissance und hat sein Vorbild in der Villa Rotonda des Andrea Palladio. Der achteckige, von einer Kuppel bekrönte Bau wird von zwei großen Lebensbäumen flankiert.

Blick in den Park

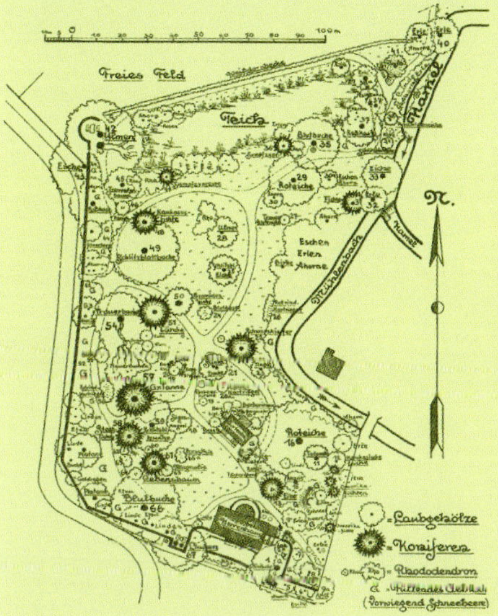

Plan des Baumbestandes von 1977

Mausoleum

Luftaufnahme der Parkanlage

RITTERGUT VOLDAGSEN

östlich von Marienau, Zufahrtsstraße zweigt am südlichen Ortsausgang vor dem Bahnübergang von der B442 ab

Der Park ist während der Öffnungszeiten des Cafés zu besichtigen [05151-43701].

Das bereits im 15. Jahrhundert erwähnte Gut Voldagsen hat eine lebhafte Geschichte, in der es häufig den Besitzer wechselte. Unter anderem gehörte es auch von 1655 bis 1880 der Familie von Münchhausen. Das heutige Herrenhaus, in dem ein Café und Einrichtungen für betreutes Wohnen untergebracht sind, wurde in den 1830er Jahren erbaut. Aus der selben Zeit stammen die Gebäude des vorgelagerten großen Wirtschaftshofes.

1880 wurde das Gut an Fritz König verkauft. Dieser baute zunächst das Herrenhaus zu seinem heutigen Erscheinungsbild um. In den 1890er Jahren legte er südlich des Herrenhauses einen großen Landschaftspark an, der von dem Gartenarchitekten Rudolph Jürgens aus Hamburg entworfen wurde. Über eine frühere Ziergartenanlage ist nichts bekannt, allerdings gab es verschiedene Gemüse- und Obstgärten. Das sogenannte Gärtner- oder Försterhaus im Park wurde ebenfalls Ende des 19. Jahrhunderts umgebaut, sein Kellergewölbe, der „Hischsprung-Keller“ soll jedoch noch aus der Mitte des 14. Jahrhunderts stammen.

Blick über den „Schlangenteich“

Prägendes Element und Rückgrat des Parkes ist das Gewässersystem. An der südlichen Parkgrenze fließt der Bach Aue entlang. Von ihm wird in der westlichen Parkecke ein künstlicher Bach abgezweigt, der auf Grund seines kaum wahrnehmbaren Fließens, seiner variierenden Breite und den malerischen Windungen durch den Park den Namen „Schlangenteich“ trägt. Im Osten ist er zu einem Teich mit kleiner Insel aufgeweitet.

Die ursprüngliche Anlage war durch große offene Rasenflächen gekennzeichnet, auf denen einzelne Bäume oder Gehölzgruppen sparsam und akzentuierend verteilt waren, insbesondere an den Rändern der Gewässer. Nur Teile der Grenzbereiche waren waldartig abgepflanzt. So waren eine Vielzahl von Blickbeziehungen innerhalb des Parks und auch aus ihm heraus, zum Beispiel zum Ith hin, möglich. Durch vermehrte unsensible Pflanzungen in den 1950er und 1960er Jahren ist der Park zwar stark zugewachsen, die Grundkonzeption ist jedoch erhalten und auf dem Rundweg, der durch den Park führt, nachzuvollziehen.

Die Bepflanzung in der ursprünglichen Anlage war sehr auf Abwechslung und Kontraste ausgelegt. So finden sich noch aus der Entstehungszeit zahlreiche Bäume, die sich durch einen besonderen Wuchs (Traueresche), interessante Blattform (schlittzblättrige

Gutshaus

Buche, Esskastanie), oder eine intensive Herbstfärbung (rotblättriger Ahorn, Rot- und Scharlacheichen) auszeichnen.

Interessante Details sind eine Sonnenuhr vor der Veranda des Herrenhauses, die aus der Zeit um 1700 stammt. Sie ist als sechsundzwanzigseitiger Polyeder mit viereckigen und dreieckigen Flächen ausgebildet, so dass ein Ablesen der Uhrzeit zu jeder Tageszeit möglich ist. Jenseits der Aue ist in den Hang ein Gewölbe gebaut, das Ende des 19. Jahrhunderts vom Besitzer Fritz König als Begräbnisplatz gedacht war. Der Stein über der Eingangstür mit der Inschrift „Unten kalt und finster 1842" scheint von einem anderen Ort zu stammen. In dem Bauwerk fanden jedoch keine Beisetzungen statt, stattdessen wurde es vermutlich als Eiskeller genutzt.

Magnolie vor dem Gutshaus

Rekonstruktion des Zustandes von 1896

PETERLINDE COPPENBRÜGGE

An der B1 in der Ortsmitte von Coppenbrügge

In Coppenbrügge findet sich zwar kein Garten, dafür ein sehenswerter Einzelbaum: die sogenannte Peterlinde. Sie steht oben auf dem Festungswall, der um 1500 entstand, als die alte Wasserburg zu einer nach damaligen Verständnis modernen Festung umgebaut wurde. Erhalten haben sich aus alter Zeit auch weite Teile des Wassergrabens, ein mächtiger Torbau und ein Fachwerkgebäude aus der Zeit um 1800, in dem sich heute ein sehr sehenswertes Heimatmuseum befindet.

Das genaue Alter der Linde lässt sich nicht bestimmen, allerdings ist sie bereits auf einem Stich aus dem Jahr 1654 abgebildet. Im 18. Jahrhundert wurde die Linde als Baumlaube eingerichtet, zu der eine Brücke vom ersten Stock des (heute nicht mehr existierenden) Schlosses führte. Solche Baumlauben oder Tanzlinden waren früher in vielen Orten vorhanden. Über Jahre hin wurden die Äste einer Linde in eine waagerechte Form geleitet, bis sie kräftig genug waren, dass man eine oder mehrere Plattformen auf ihnen befestigen konnte. Diese waren oft so geräumig, dass auf ihnen bei Dorffesten getanzt werden konnte. Die Linde in Coppenbrügge soll drei Stockwerke gehabt haben und in das Blattwerk waren Fenster geschnitten.

Den Namen „Peterlinde“ trägt der alte Baum, weil hier in Coppenbrügge im Jahre 1697 Kurfürstin Sophie von Hannover, ihre Familie und ein kleines Gefolge mit dem russischen Zaren Peter dem Großen zusammentrafen. Dieser hatte erst kürzlich den Thron bestiegen und bereiste inkognito Europa, um Anregungen für seine Reformen in Rußland zu gewinnen. Um an dieses bedeutendes historisches Ereignis zu erinnern, wurde die Linde Anfang des 19. Jahrhundert, als man das Schloss, in dem das Treffen stattgefunden hatte, abriss, „Peterlinde“ getauft.

Peterlinde

Merianstich von 1654 mit der Peterlinde auf dem Wall

RITTERGUT HAUS HARDERODE

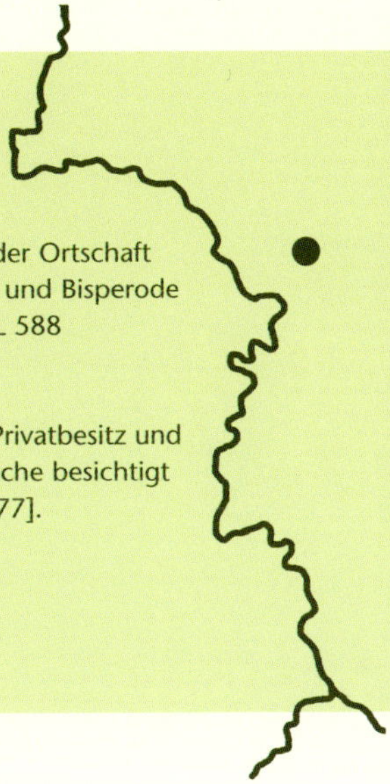

Haus Harderode hat seinen Ursprung als landwirtschaftliches Vorwerk des Schlosses Bisperode, wovon noch der große Wirtschaftshof zeugt. Das heutige Herrenhaus wurde 1900 von dem Architekten Otto Lüer für Rudolf von Blum gebaut und ist seither im Familienbesitz. Die Gartenanlage, bei der nicht klar ist, inwieweit bereits eine Vorläuferanlage existierte, wurde von dem hannoversche Stadtgartendirektor Julius Trip geschaffen. Sie ist in den Grundzügen noch gut erhalten und vermittelt einen anschaulichen Eindruck eines ländlichen Villengartens der Zeit.

Vor der nach Süden ausgerichteten Veranda liegt eine Rasenfläche. Von hier aus erschließt ein großzügiges Wegenetz den Park und lässt verschiede Rundwege durch den alten, vielfältigen Baumbestand zu, bei dem die beliebte Blutbuche nicht fehlt. Reste von Treppenanlagen und gemauerten Sitzbereichen lassen auf eine ehemals intensive Nutzung des Parkes schließen. Auf der nördlichen Hausseite speist ein Bach, dessen Wasserfluss durch den Einbau von Steinen lebhafteren Charakter erhält, eine Kette von Teichen, die aus den Fundamentgruben eines alten Fachwerkhauses geschaffen worden sein sollen. Tritt man hangaufwärts aus dem Park heraus, bietet sich ein wunderschöner Blick nach Süden weit ins Tal hinein. Sicherlich sah die ursprüngliche Konzeption auch Ausblicke aus dem Park heraus vor, die aber heute zugewachsen sind. Eine Kuriosität ist ein in Hausnähe stehender alter Ahorn, dem man früh den Mitteltrieb entfernt hat, so dass die emporstrebenden Seitentriebe in ihrer Mitte einen „Sitz" bilden.

Zwischen der Ortschaft Harderode und Bisperode an der Kreuzung L 588 und L 425.

Die Anlage ist in Privatbesitz und kann nach Absprache besichtigt werden [05159-377].

RITTERGUT BEHRENSEN

Direkt im Ort Behrensen.

Die Anlage ist in Privatbesitz, kann jedoch nach Absprache besichtigt werden [05159-452].

Das Gut Behrensen verfügt über einen kleinen Gutspark hinter dem ehemaligen Herrenhaus, das leider nur noch als malerische Ruine erhalten ist. Er besteht heute aus einer abschüssigen Rasenfläche, die von einer Bruchsteinmauer eingefasst wird. Vom Gut führt ein Weg den Hang hinunter, wo man durch ein Tor in der Mauer ins Dorf gelangen kann. Dieses Tor ist erhalten und wurde von zwei hohen Kastanien gerahmt, von denen zwar nur noch eine erhalten ist, doch aus dem Stubben der zweiten wächst bereits Nachwuchs. Die landschaftsgartenartige Anlage ist mit seltenen alten Solitärgehölzen bestanden, darunter Platanen, Buchen und eine sehr beeindruckende Blutbuche. Herr von Strube, damaliger Besitzer des Gutes, brachte im 18. Jahrhundert von seinen Reisen Gehölze aus Nordamerika mit; zwei Hainbuchen und eine Kiefer sollen noch aus dieser Zeit stammen. Dieser Tradition folgte der heutige Besitzer, der unter anderem eine kalifornische Sequoia pflanzte. Interessant ist auch ein Rondell aus sieben eng stehenden Linden.

Toreingang vom Dorf in den Gutspark

RITTERGUT DIEDERSEN

Das Gut Diedersen ist seit 1541 im Besitz der Familie von Hake. Adolph-Christoph von Hake, der Diedersen 1790 erbte, ließ 1792 das heutige Herrenhaus errichten. Außerhalb des Dorfes legte er einen großen Obst und Gemüsegarten an, der auch ein kleines Lusthaus enthielt. Ob die durch regelmäßige Wege gegliederte Fläche hinter dem Herrenhaus zuvor als Küchengarten diente, oder ob hier bereits ein Lustgarten bestand, ist nicht bekannt. Im Jahre 1814 jedenfalls umgab Adolph-Christoph das Areal mit einer Bruchsteinmauer und er begann, einen landschaftlichen Park anzulegen. Sein Sohn Adolph setzte dieses Werk nach 1825 durch das Anpflanzen seltener Bäume fort. Aus dieser Zeit mögen noch der Ginkgo, der Tulpenbaum sowie je eine alte Linde und Kastanie stammen. Sicherlich wird man bei der Anlage des Parkes von der engen familiären Beziehung zu der Familie von Hake auf Gut Ohr (vgl. Seite 65) profitiert haben.

Vor dem Herrenhaus befindet sich eine sehenswerte, fast haushohe Pyramide aus kletterndem Philadelphus (Pfeifenstrauch oder falscher Jasmin), die hier mindestens seit den 1930er Jahren besteht.

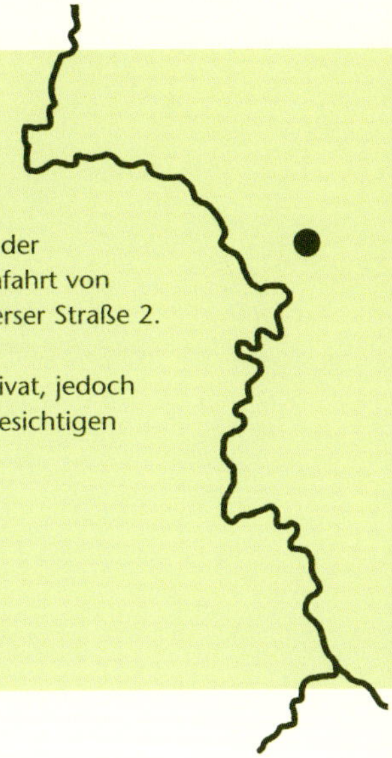

Direkt an der Ortsdurchfahrt von Diedersen; Diederser Straße 2.

Die Anlage ist privat, jedoch auf Anfrage zu besichtigen [05155-9220].

Philadelphus-Pyramide

Aquarell um 1900

RITTERGUT HASTENBECK

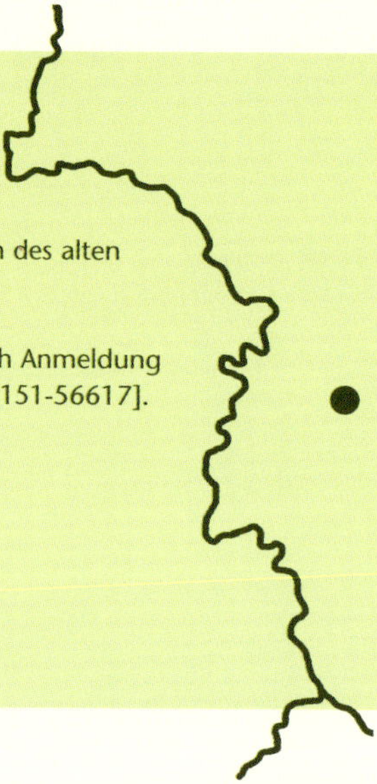

Südwestlich des alten Ortskerns.

Der Garten ist nach Anmeldung zu besichtigen [05151-56617].

Das Rittergut Hastenbeck wurde bereits im 13. Jahrhundert das erste Mal erwähnt. 1618 ließ Arnd von Wobersnow die mittelalterliche Burg Hastenbeck zu einer modernen Festung ausbauen. Sie wurde jedoch bereits im Dreißigjährigen Krieg zerstört, und das Gut gelangte 1639 im Besitz der Familie von Reden. Ein neues Herrenhaus entstand abseits der alten Festung und wurde 1869 durch das heutige Schloss im Stil der Neogotik ersetzt.

Während es im 18. Jahrhundert vermutlich nur Obst- und Gemüsegärten gab, legte man Anfang des 19. Jahrhunderts einen landschaftlichen Park an, in den man die Überreste der alten Festung integrierte. Dies verleiht dem Park, trotz seiner heutigen starken Verwilderung, einen besonderen Reiz.

Unmittelbar an der Rückseite des Schlosses liegt eine Rasenfläche mit großen Solitärgehölzen, darunter Platane, Linde sowie ein blauer Mammutbaum. Daran schließt sich das ehemalige

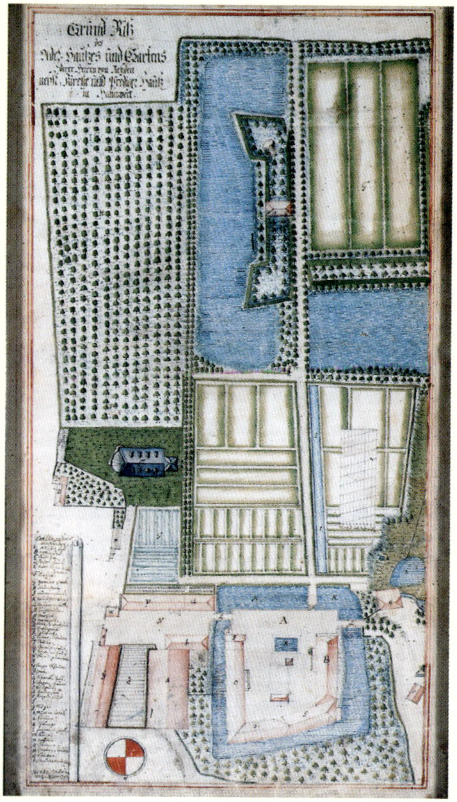

Plan von 1746

Blauer Mammutbaum

Blick auf das Schloss

Festungsgelände an. Deutlich sind die vier Eckbastionen und die sie verbindenden Wälle zu erkennen, die bei der Parkgestaltung durch Bäume, insbesondere Linden, betont wurden. Sie tragen die Namen Rosalienberg, Eschenberg sowie kleiner und großer Lindenberg. An der dem Schloss zugewandten Nordseite hat sich eine Mauer und in dem östlichen Wall ein Kasemattenraum erhalten. Umgeben war diese Festung von einem Wassergraben, der in Teilen noch erhalten ist.

Um dieses Festungsgelände herum führt ein Rundweg, an dem auch das Erbbegräbnis der Familie von Reden liegt. Es wurde 1832 eingerichtet und ist von typischen Nadelgehölzen, Eiben, Fichten, Helmlocktannen, überschattet. Erwähnenswert sind zwei besonders alte Bäume, zum einen eine Buche an der nördlichen Seite und eine Esche im westlichen Teil, letztere wird auf dreihundert bis vierhundert Jahre geschätzt.

JANSSENS PARK HAMELN

Auf der westlichen Weserseite, oberhalb der Klütstraße (L 433).

Der Garten ist nach Absprache zu besichtigen [05151-65045].

Der Park Janssen zeigt die Überreste einer großbürgerlichen Sommerfrische vor den Toren der Stadt. 1907 hatte der Fabrikant Heinrich Janssen ein Grundstück am Waldrand des Hamelner Hausberges „Klüt“, in deutlicher Entfernung der Villenbebauung des Klütviertels, erworben. Hier ließ er sich einen Park anlegen, während sein Sohn Dr. Heinrich Janssen im Jahre 1928 einen Teepavillon am oberen Rand des abschüssigen Geländes errichten ließ, ein hübscher kleiner Bau mit zentralem Pavillon und zwei seitlichen Anbauten.

Bis zum Zweiten Weltkrieg wurde dieser Garten regelmäßig von der Familie genutzt, man ließ sich vom Personal den Tee servieren und genoss die Aussicht auf die Weser und die Stadt Hameln. Nach dem Krieg ließ die Nutzung nach, der Park war kaum mehr zu pflegen und begann zu verwildern. Jedoch wird das Wegenetz freigehalten, so dass eine Besichtigung möglich ist. Es finden sich vereinzelte Reste einer Gartengestaltung.

Schmiedeeisernes Eingangstor am unteren Gartenbereich. Hier befand sich vermutlich der Haupteingang

Von der ursprünglichen Umzäunung sind nur die Pfeiler von drei Zufahrtstoren erhalten, eins am oberen Parkrand, zwei am unteren, alle mit den Inschriften „H Janssen“ „1908“ versehen. Die unteren Pfeiler enthalten noch ein schmiedeeisernes Tor, das von Grund auf renoviert worden ist. Hinter dem Tor beginnt der Weg in den Park als kurze gerade Eichenallee, führt am ehemaligen Tennisplatz vorbei und zieht sich dann in großem Bogen den Hang bis zum Teehaus hinauf.

An dem Teehaus liegt eine Terrasse, von der aus fünf im Halbkreis angeordnete Treppen mit wenigen Stufen in den Garten führen. Ein großes Rasenoval breitet sich vor dem Teehaus aus. Aussichten in die Landschaft, die ursprünglich sicher ausschlaggebend für die Standortwahl des Gartens waren, sind nur noch im Winter möglich. Erahnen kann man eine besonders gestaltete Sichtachse, wenn man von der Terrasse die halblinke Treppe hinab blickt. Im Gehölz erkennt man zwei Nadelbäume in der Verlängerung der Treppe, sie rahmen den Blick. Hinter ihnen stehen zwei Pfeiler mit den Inschriften „CL HL“ „1788“, über deren Ursprung nichts bekannt ist. Steht man bei ihnen, so kann man im Winter zwischen den beiden Nadelbäumen das Teehaus sehen. Solche Sichtachsen wird es noch mehrere gegeben haben.

Teehaus

An diesem Beispiel soll verdeutlicht werden, dass auch scheinbar weniger interessante Gärten ein spannendes Besichtigungsobjekt sein können, wenn man bereit ist, auf Spurensuche zu gehen und die Fantasie zu bemühen.

BÜRGERGARTEN HAMELN

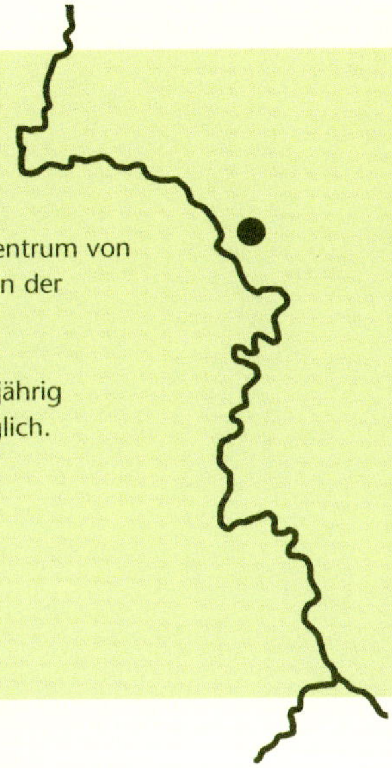

Der Hamelner Bürgergarten liegt unmittelbar am Rande der Altstadt. Hier hatten sich einst die Festungsanlagen der Stadt, bestehend aus Mauern, Wällen und Gräben, befunden. 1808 wurden die Bastionen unter französischer Besatzungsmacht geschliffen und die Gräben zugeschüttet. Die so entstandene Fläche diente als Exerzierplatz oder auch als Viehweide. Nachdem Pläne der Stadt, hier eine große öffentliche Grünanlage zu schaffen, zunächst gescheitert waren, baute man in den 1920er Jahren eine Sportanlage mit Fußballplatz und umgebender Laufbahn. Die Idee einer zentrumsnahen Grünanlage wurde jedoch weiter verfolgt und 1961 schließlich auch umgesetzt. Am 5. Mai 1962 konnte der Park mit einer Gartenbauausstellung eingeweiht werden.

Im Stadtzentrum von Hameln, an der Deisterallee.

Der Park ist ganzjährig öffentlich zugänglich.

Der Bürgergarten zeichnet sich durch eine große zentrale Rasenfläche aus. Sie wird von Rabatten mit wechselnder Bepflanzung gerahmt, in denen spitze Eibenkegel lustige Akzente setzen. Blickfang ist ein rechteckiges Wasserbecken im Stil der 1950er Jahre mit zahlreichen Fontänen. Die äußeren Bereiche sind in aktive und passive Zonen geteilt. Während die der Altstadt zugewandte Seite durch eine rege genutzte Freischachanlage, Kinderspielplatz und eine Freiluftbühne der aktiven Erholung gewidmet ist, bietet die stadtauswärtsgerichtete Seite mit ihren zahlreichen Sitzplätzen die Möglichkeit zur ruhigen Muße. Hier findet sich ein Staudengarten mit vielfältigem Pflanzensortiment, beschaulichem kleinem Tümpel und schattigen Pergolen.

Besonders schön sind die den Park rahmenden alten Kastanien, die noch aus der Zeit des Sportplatzes stammen. Sie zeichnen die ovale Grundrissform des Bürgergartens nach, die sich aus der ehemaligen Laufbahn ergibt.

Das von Eibenkegeln umgebene Wasserbecken

Ruhezone mit blühendem Mohn

OHRBERGPARK

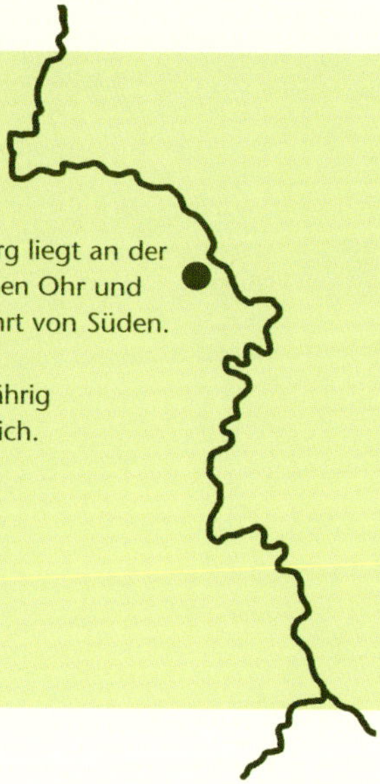

Der Ohrberg liegt an der B83 zwischen Ohr und Klein Berkel, Zufahrt von Süden.

Der Park ist ganzjährig öffentlich zugänglich.

Der Ohrbergpark im 19. Jahrhundert

Das Rittergut Ohr blickt auf eine tausendjährige Geschichte zurück, denn es wurde bereits im Jahre 1004 erstmals erwähnt. Seit 1307 ist es im Besitz der Familie von Hake. Ein um 1500 errichtetes, mehrfach umgebautes Herrenhaus wurde Mitte des 19. Jahrhunderts durch einen Neubau nach dem Entwurf des hannoverschen Hofbaumeisters Laves ersetzt. Nur zwanzig Jahre später wurde es durch einen Brand zerstört, und auf dessen Fundamenten erbaute man 1872 das jetzige Herrenhaus.

An das Herrenhaus schließt sich ein kleiner landschaftlicher Garten an, der von Christian Ludwig von Hake (1745-1818) ab 1771 angelegt wurde. Zur Weser hin liegt ein Gartenpavillon, der 1841 vollendet wurde. Über den Eingängen stehen die Namen der vier Söhne von Ernst Adolph von Hake, von denen der Vater hoffte, dass sie einträchtig ihr Erbe aufteilen würden, daher der Name: „Eintrachtstempel“.

Einen halben Kilometer vom Gutshaus entfernt erhebt sich ein Bergrücken etwa achtzig Meter steil über der Weser, dies ist der sogenannte Ohrberg. Er war ursprünglich mit Wald bestanden und hatte zur Hude von Schafen, Kühen und Ziegen sowie zum Schlagen von Bau- und Brennholz gedient. Die ersten Verschönerungsmaßnahmen auf dem Ohrberg nahm der oben erwähnte Christian Ludwig von Hake vor, der Gartenmeister und Leiter des königlichen Hofbau- und Gartendepartements in Hannover war. Er legte Spazierwege und eine Allee aus Buchen und Eichen an und errichtete ein Lusthaus auf dem Berg.

Erst nachdem es 1817 seinem Sohn Georg Adolph (1779-1840) gelungen war, das Huderecht auf dem Ohrberg zu übernehmen, und somit die Beweidung zu unterbinden, konnte mit der planmäßigen Anlage eines Landschaftsparkes begonnen werden. Georg Adolph hatte auf Reisen durch England die dortigen Gärten besichtigt und er verfasste am Ende seines Lebens selbst ein Buch „Über Höhere Gartenkunst - Fragmente aus dem Tagebuch eines alten Gärtners“. Er schuf einen Park mit einer zentralen Wiesenfläche, die von Spazierwegen und Gehölzpflanzungen umgeben wird. Vor allem beeindrucken die vielfältigen Sichtachsen aus dem Park hinaus auf das Gut, zur Weser und in die weite Landschaft. Für den umgekehrten Blick vom Gut auf den Ohrberg ließ Georg Adolph sogar acht in der Sicht stehende Bauerhöfe abreißen (nicht

Im Frühsommer ist der Ohrbergpark ein Blütenmeer

Die weißen Blüten des Taschentuchbaums

ohne den Bewohnern neue Häuser im Dorf zu bauen), die entstehende Wiese wurde nur locker mit einzelnen Bäumen bepflanzt und eine Allee zum Ohrbergpark angelegt.

Georg Adolphs Vetter und Erbe Ernst Adolph (1768-1865) errichtete ein Denkmal für den Parkschöpfer, an der Stelle, wo dessen Herz auf eigenen Wunsch hin begraben wurde. Des weiteren widmete er sich insbesondere der Vergrößerung der Artenvielfalt, so dass der Park im 19. Jahrhundert seine Berühmtheit dadurch erlangte, dass er über zweihundertfünfzig verschiedene Gehölze aufwies. Davon finden sich heute noch Taschentuchbaum, Ginkgo, Lebkuchenbaum, Mammutbaum, Schneeglöckchenstrauch, Tulpenbaum, Amberbaum und Scheinbuche, um nur einige wenige zu nennen. Auch die zahlreichen Rhododendren und Azaleen erfreuen im Frühsommer durch ihre Blütenpracht.

Blick auf die Weser und das Gut Ohr

SCHLOSS HÄMELSCHENBURG

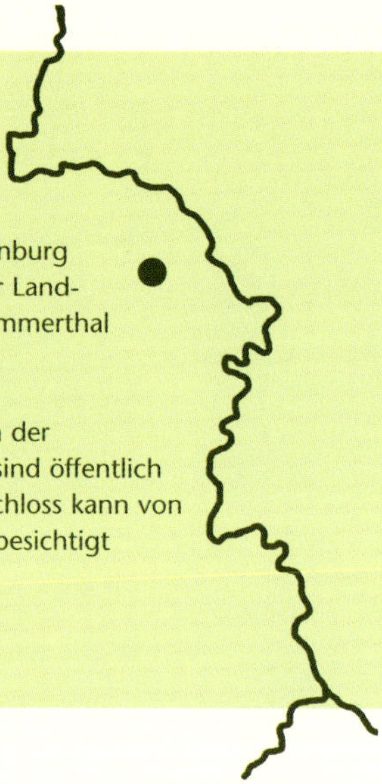

Hämelschenburg liegt an der Landstraße zwischen Emmerthal und Bad Pyrmont.

Die Außenanlagen der Hämelschenburg sind öffentlich zugänglich, das Schloss kann von April bis Oktober besichtigt werden.

Bereits seit dem 15. Jahrhundert ist die Familie von Klencke in Hämelschenburg ansässig. Nachdem eine Brandkatastrophe Burg und Dorf fast völlig vernichtet hatte, wurden von 1587 bis 1613 das heutige Schloss und die umgebenden Wirtschaftsgebäude errichtet. Das älteste Gebäude des Ensembles ist jedoch die Schlosskapelle. Sie ist eine der ersten Kirchen in Norddeutschland, die bereits als evangelisches Gotteshaus errichtet wurde (1563). Interessanterweise ist sie nicht, wie allgemein üblich, nach Osten, sondern Norden ausgerichtet.

Durch einen schmalen Durchlass zwischen Kirche und ehemaligem Kuhstall gelangt man in den Garten. Er wird zur Straße und Feldmark durch eine massive Bruchsteinmauer, die bis zur Emmer führt, begrenzt. Neben Pferdekoppeln findet man hier heute einen neu angelegten „Minnegarten“. Über die Gartengestaltung in früheren Zeiten ist nicht viel bekannt, auf dem Merianstich von 1654 (s.S. 7) erkennt man, dass der Garten dreigeteilt war: zum Fluss hin lag ein Baumgarten, vermutlich mit Obstbäumen, denn es gab in damaliger Zeit keine strenge Trennung zwischen Nutz- und Ziergarten. Die Fläche der heutigen Pferdekoppel wies flache Beete auf, die sowohl aus ornamentalen Schmuckrabatten, als auch aus Gemüse und Kräutern bestanden haben können. Der Bereich des heutigen „Minnegartens“ war durch Hecken oder Laubengänge in sechs Kompartimente geteilt, an den Schnittpunkten scheint es Pavillons gegeben zu haben. Das Wasserbecken im Schlosshof hatte man im 19. Jahrhundert hier im Garten in der Erde gefunden und dann in den Schlosshof versetzt. Das Gartenhaus stammt von 1788; hier hatte aber schon zuvor ein Gebäude mit einem beheizbaren Saal mit siebenundzwanzig Fenstern gestanden. Dies deutet auf eine Nutzung als Orangerie, also Überwinterungsquartier für Zitrusgewächse und andere empfindliche Kübelpflanzen hin.

Gartenweg zum Schloss

Oberhalb des Schlosses am Waldrand steht eine kleine Pyramide, die als Grabmal für Friederike Charlotte von Meding (1822-1853) errichtet worden ist. Die junge Frau war an Tuberkolose erkrankt und setzte ihre Hoffnungen in eine Reise nach Ägypten, wo das trockene, warme Klima Heilung versprach, doch sie verstarb auf dem Weg dorthin in Südfrankreich. Für sie plante ihr Gatte, Leopold von Klencke den Bau eines neuen Erbbegräbnisses. Bis dato waren die Klenckes in der Gruft der Schlosskapelle zur letzten Ruhe

Schloss Hämelschenburg mit Schlosskapelle (links)

gebettet worden, und dies seit 1563. Kein Wunder also, dass die Gruft inzwischen überfüllt war. Zudem schmerzte der Verlust des geliebten Weibes so sehr, dass er ihr Andenken auf besondere Weise ehren wollte. Ob es Friederikes eigener Wunsch war, in einer Pyramide begraben zu werden, deren ägyptische Vorbilder zu sehen ihr nicht vergönnt war, oder ob die Idee von Leopold selbst stammte, ist nicht gewiss. Der Plan soll jedoch von dem hannoverschen Baumeister Laves stammen. Der Bau der Pyramide dauerte über zwei Jahre, so dass Friederike erst fast drei Jahre nach ihrem Tod, 1856, im Inneren der Pyramide beigesetzt werden konnte. Bis dahin war der Sarg in einem kühlen Keller des Schlosses aufgebahrt worden. Über dem Eingang der Pyramide ist ein Rad als Wappensymbol der Klenckes angebracht. Die Pyramide ist von immergrünen Nadelgehölzen, Efeu und Rhododendren gesäumt. So entsteht eine besinnlich-düstere Friedhofsatmosphäre. Der Weg vom Schloss zur Pyramide wird von verschiedenen mächtigen Bäumen gesäumt: Platanen, Blutbuchen, Scheinzypressen, Douglasien und Mammutbäume sind Reste einer landschaftlichen Gartenanlage. Heute ist die Pyramide leer; bis 1945 als Familienbegräbnis genutzt, mussten die Sarkophage wegen der Hygienevorschriften der amerikanischen Verwaltung entfernt werden.

Grabpyramide von 1856

SCHLOSS SCHWÖBBER

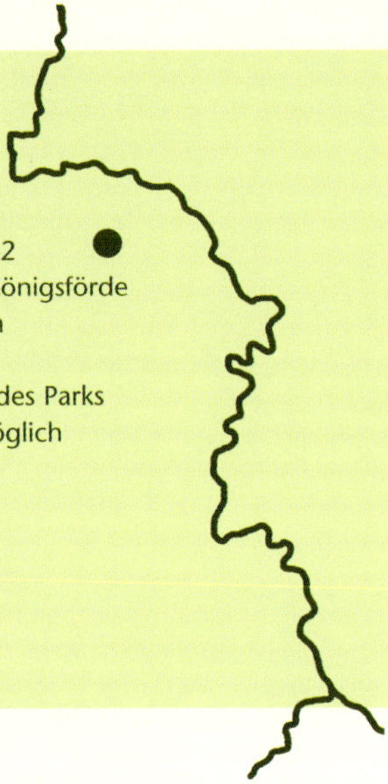

An der L432 zwischen Königsförde und Grupenhagen

Die Besichtigung des Parks ist auf Anfrage möglich [05154-70600].

Das Schloss Schwöbber wurde von 1565 bis 1604 für die Familie von Münchhausen errichtet, in deren Besitz es bis 1918 verblieb. Es handelt sich um eine dreiflügelige Anlage, die ursprünglich völlig von einem Wassergraben umgeben war.

Sicherlich hat es von Anfang an Obst- und Gemüsegärten bei dem Schloss gegeben. Eine Gartenanlage mit Ziercharakter scheint jedoch erst durch Otto I. von Münchhausen (1643-1717) angelegt worden zu sein. Er hatte als junger Mann eine längere Reise nach Holland unternommen, und vermutlich begann er nach seiner Rückkehr 1668, einen barocken Garten in Schwöbber anzulegen. Es gab darin immer noch viele Nutzpflanzen, aber auch einen Blumengarten, Alleen und einen langen Gang aus geschnittenen Hainbuchen. Der den Garten durchfließende Beberbach wurde begradigt und kleine Kanäle und ein rechteckiges Wasserbecken wurden von ihm gespeist. Besonders berühmt war der Garten von Schwöbber für seine exotischen Kübelpflanzen und insbesondere für seine Ananaskultur. Das zur Überwinterung nötige Orangeriegebäude lag im westlichen Gartenteil an der heutigen Landstraße, es brannte Ende des 19. Jahrhunderts ab. Jenseits der Landstraße gab es auch einen umzäunten Tiergarten.

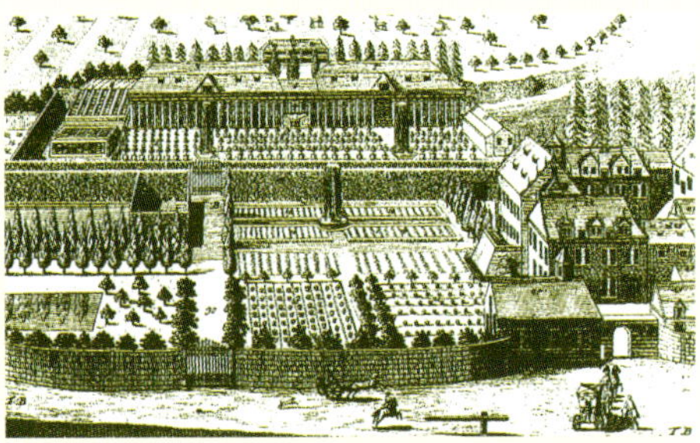

Ansicht von Schwöbber um 1714

Wasserbecken

Durch Otto II. von Münchhausen (1716-1775) erfolgte etwa ab 1750 eine Umgestaltung des Gartens im landschaftlichen Stil. Dabei war von Münchhausen vermutlich der Erste in Deutschland, der versuchte, die neuen Gestaltungsideen aus England bei der Gestaltung eines Gartens zu berücksichtigen. Außerdem veröffentlichte er 1765 im Rahmen seine sechsbändigen Werkes „Der Hausvater“ auch Regeln zur Anlage eines englischen Gartens, wobei es sich um die erste theoretische Abhandlung in deutscher Sprache handeln dürfte. Die Bedeutung von Schwöbber und Otto von Münchhausen liegt dabei eher auf dem theoretischen Gebiet bzw. in der künstlerischen Absicht, denn die Umgestaltung war wohl eher verhalten und bestand im Wesentlichen darin, dass geschnittene Hecken entfernt und gerade Wege geschlängelt wurden. Auch wurde in der Südwestecke Erdreich bis an die Mauerkrone aufgebracht, so dass man von hier über die Umfassungsmauer in die Landschaft schauen konnte, ein typisches, die Gartengrenzen kaschierendes Element. Staffagegebäude hingegen, wie sie sowohl in England als auch später in deutschen Landschaftsgärten üblich waren, findet man hier nicht. Dies mag aber auch daran liegen, dass Otto von Münchhausen sehr auf Sparsamkeit und Nützlichkeit bedacht war. So lautet eine seiner Regeln „Alle Moden, wobey keine großen Kosten erfordert werden, vielmehr etwas erspart werden kann, kann man ohne großes Bedenken nachmachen".

Schloss Schwöbber

Im 19. und 20 Jahrhundert wurde der Garten weiterentwickelt und um die Fläche nördlich des Schlossteiches erweitert. Das weitmaschige Wegenetz führte vor allem am Rand der Anlage entlang, eine Vielzahl von Baumgruppen und einzelnen Solitären wurden gepflanzt, darunter auch viele botanische Raritäten. Als Ausstattungsstücke kamen ein Eiskeller, auf dem oben ein Sitzplatz eingerichtet wurde, und ein neogotisches Tor, das in den Bereich führt, wo früher die Orangerie gestanden hat, hinzu.

Auf der Schlossinsel hatten lange Zeit auch einige Wirtschaftsgebäude gestanden, diese wurden nach und nach abgerissen, so dass in den 1920er Jahren eine formale Anlage als repräsentatives Gegenüber zum Schloss geschaffen werden konnte. Das vertiefte Parterre wird gen Osten durch eine Terrasse abgeschlossen, deren Enden durch zwei Pavillons betont werden. Diese dienten als Teepavillon und als Winterquartier für Kübelpflanzen. Auf der Terrassenbrüstung sowie an den Parterreseiten stehen Sandsteinfiguren, die nach barocken Vorbildern des Würzburger Residenzgartens, des Gartens in Veitshöchheim und der Kassler Karlsaue geschaffen wurden. Neben vier Göttinnen versinnbildlichen acht Putten die vier Jahreszeiten sowie die vier Elemente. Seitlich des Parterres führt eine interessante halbrunde Treppe zu weiteren kleinen Terrassen direkt am Wasser. Hier findet sich die „Dianagrotte", eine Nische mit Wasserspeier und Figurenschmuck. Zu diesem im Gegensatz zum repräsentativen Parterre eher wohnlich gedachten Gartenbereich gehörten ursprünglich üppige Staudenbeete.

In der zweiten Hälfte des 20. Jahrhunderts kam es zu häufigen Besitzerwechseln. Der Park wurde vernachlässigt und zeitweise auch als Golfplatz genutzt. Im Jahr 2003 hat neben dem Umbau des Schlosses zum Hotel auch eine umfassende Renovierung des Parks begonnen.

KURPARK BAD PYRMONT

Der historische Mittelpunkt von Bad Pyrmont ist der „Hyllige Born“, der auf dem heutigen Brunnenplatz entspringt. Die Heilquellen, von denen heute sieben von ehemals 19 Stück im Stadtgebiet zu Tage treten, wurden schon im 1. Jahrhundert n. Chr. genutzt, wie die Funde von Opfergaben beweisen. Erste schriftliche Überlieferungen über die Quellen gibt es aus dem 14. Jahrhundert. Mitte des 16. Jahrhunderts hatte sich die Kunde von der wundersamen Heilkraft des Wasser in ganz Europa verbreitet, so dass 1556 mehr als 10.000 Menschen nach Pyrmont strömten. Dieses sogenannte „Wundergeläuf“ sprengte die Beherbergungskapazitäten der umliegenden Bauernhäuser bei weitem, weshalb viele Besucher auf dem Heiligen Anger, dem Gelände des heutigen Kurparkes, in Zelten campieren mussten.

Seit 1898 ist der Kurpark eingezäunt und im Sommer nur gegen Entrichtung eines Eintrittsgeldes zu betreten. Die außerhalb liegenden Alleen (Hauptallee, Schlossallee, Hylligen-Born-Allee, oberer Teil des Dreistrahls sowie Bombergallee) und die anderen Parks sind ganzjährig frei zugänglich.

Erst in den 1660er Jahren begann Fürst Georg Friedrich von Waldeck und Pyrmont mit dem planmäßigen Aufbau eines Kurortes. Über der Quelle, die mitten auf einer Wiese entsprang, wurde ein achteckiges Brunnenhaus errichtet, zum Schutz vor Verunreinigungen, aber auch als architektonische Betonung (der heutige Brunnentempel stammt ebenso wie die dahinterliegende Wandelhalle aus dem Jahr 1924). Von hier ausgehend wurden zwei Straßen im rechten Winkel zueinander angelegt. Zum einen wurde 1667 die Hauptallee angelegt, zunächst mit Eichen, die jedoch nicht gediehen, dann 1670 als vierreihige Lindenallee. Diese Allee führt von der Quelle aus etwa 400 Meter das leicht abschüssige Gelände hinab. Zum anderen war 1667 das Dorf Oesdorf abgebrannt. Der Fürst förderte dessen Wiederaufbau und die Bebauung zwischen Dorf und Quelle: die heutige Brunnenstraße, damit entstand eine Art „Kurviertel“. Diese Straße wurde ebenfalls mit Linden bepflanzt.

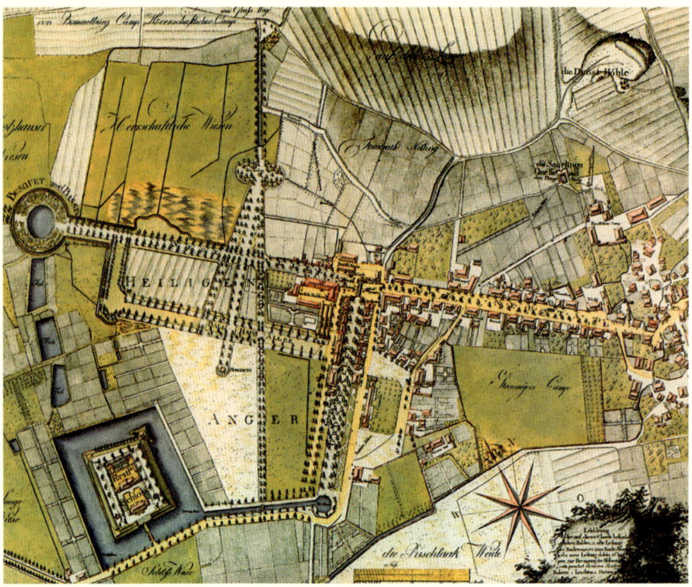

Kurpark Bad Pyrmont, 1790

In den folgenden Jahren entwickelte sich Pyrmont zu einem der führenden Bäder. Der Ort wurde auch gerne vom Adel aufgesucht.

Die Springbrunnenallee und Blumenbeeten

1681 kam es zum sogenannten „Fürstensommer“, in dem vierzig Mitglieder von europäischen Herrscherhäusern in Pyrmont weilten. Für den Adel stand eher das gesellschaftliche Leben, denn der Nutzen für die Gesundheit im Vordergrund. Mit einem Glas Mineralwasser ging man die Allee hinab und wieder hinauf, wobei man das Wasser in kleinen Schlucken zu sich nahm. Zahlreiche Boutiquen und Stände säumten die Allee. Man sah und wurde gesehen. Dabei war die Mitte dieser Hauptallee, einer Doppelallee, bis weit in das 19. Jahrhundert hinein nur den höheren Ständen vorbehalten.

Im 18. Jahrhundert wurde das Alleensystem zu seiner heutigen Größe ausgebaut. Den Anfang machte 1705 die Schlossallee. Ein von Bäumen gesäumter Kanal führte vom Schlossgraben zum unteren Ende der Hauptallee. Dieser Kanal wurde 1860 zugeschüttet, die Allee jedoch beibehalten. Der Schnittpunkt mit der Hauptallee wird seit 1720 durch ein Wasserbassin mit Springbrunnen betont. Hier steht eine besonders dicke Linde, die 1732

Palmengarten

Die Hylligen-Born-Allee

gepflanzt worden sein soll. Um die zur Hauptsaison stets überfüllte Hauptallee zu entlasten, schuf man 1745 die Heiligen-Anger-Allee, die als vierreihige Lindenallee parallel zur Hauptallee direkt neben dieser verläuft. Es folgten im rechten Winkel dazu 1750 die Springbrunnenallee (vormals Ballhausallee) und 1772 die Hylligen-Born-Allee (ehemals Bassinallee). Die Springbrunnenallee war ursprünglich sechsreihig, besteht heute noch aus vier Kastanienreihen, in deren Mitte sich ein Band aus runden Springbrunnen und üppiger Sommerbepflanzung entlang zieht. Diese Gestaltung stammt aus den 1950er Jahren. Die Springbrunnenallee endet ebenso wie die parallel dazu verlaufende Hylligen-Born-Allee in einem großen runden Wasserbecken.

Etwas oberhalb der Hylligen-Born-Allee liegt der Aesculap-Platz. Dieser ist Ausgangspunkt des sogenannten Dreistrahls, der in den 1760er Jahren angelegt wurde. Von hier aus führen drei Alleen fächerförmig den Hang hinunter. Alle drei hatten ursprünglich einen besonderen Blickfang, einen Point de vue. Durch die linke Allee, die Klosterallee, sah man auf das Franziskaner-Kloster im nahegelegenen Lügde. Heute ist dieser Blick durch moderne Gebäude in Pyrmont verbaut. Durch die rechte Allee konnte man das Schloss sehen. Die mittlere Allee ist heute nur noch bis zur Hylligen-Born-Allee vorhanden, da man 1950 ein CO_2-Quellgasbadehaus in ihrem weiteren Verlauf errichtete. Ihr ursprünglicher Endpunkt war der sogenannte Erdbeertempel im Kurpark. Dieser wurde zum Gedenken an eine 1781 verstorbene holländische Witwe von deren Verwandten errichtet; die Dame soll durch den Genuß von Erdbeeren und anschließender Trinkkur verstorben sein. Der heutige Tempel, eine Rotunde mit acht Säulen, wurde 1910 neu aufgebaut.

Landschaftliche Anlage um den Erdbeertempel, 1850

Als letzte Allee kam 1883 die Bombergallee hinzu. Als Verlängerung der Klosterallee führt sie den Hang hinauf. Durch ihre engstehenden, hochaufragenden Linden erscheint sie wie ein grüner Dom.

Im 17. und 18. Jahrhundert war Pyrmont vielbesucht vom Adel, Ende des 18. kamen auch zahlreiche Dichter und Gelehrte. Zwar verlor sich nach 1800 allmählich die europäische Bedeutung als Modebad ersten Ranges, dennoch kam eine wachsende Zahl Besucher. Man brauchte also über die Alleen hinaus weitere Anlagen, in denen sich die Besucher ergehen konnten. So begann man um 1805 mit der Anlage des Kurparkes, ließ aber die Alleen unangetastet, sondern füllte sozusagen die Zwischenflächen über mehrere Jahrzehnte hin auf. Der Park ist gemäß dem Geschmack der Zeit im Stil eines Landschaftsparks angelegt. Anfang des 20. Jahrhunderts wirkte hier neben dem Pyrmonter Gartendirektor Werner Dirks auch der hannoversche Stadtgartendirektor Julius Trip.

1912 wird das Gelände östlich des Schlosses zum Palmengarten gestaltet. In dieser regelmäßigen Anlage werden im Sommer über 300 Palmen verschiedener Arten und über vierhundert andere Kübelpflanzen aufgestellt. Das südliche Flair wird verstärkt durch eine Allee von zypressenähnlichem Säulenwacholder.

Ein weiteres Highlight ist im Mai und Juni der Azaleenweg, der 1926 angelegt und 1965 erneuert wurde. An seinem Ende öffnet sich der sogenannte Malerblick gen Norden auf eine Kette von Teichen. Viele weitere Sichtachsen sind im Park vorhanden, der durch viele kleine Gebäude zusätzlich bereichert wird. Neben dem erwähnten Erdbeertempel gibt es ein doppelstöckiges Teehaus von 1815, ein Dunst-Badehäuschen von 1833 (das 1974 vom Brunnenplatz an das Ende des Azaleenweges versetzt wurde) und ein Borkenhäuschen von 1909.

Die allererste Gartenanlage Pyrmonts war übrigens der Garten des Pyrmonter Schlosses. Dieses wurde ab 1526 als Festung errichtet und daher mit hohen Wällen umgeben. Das barocke Schloss, die Sommerresidenz der Fürsten von Waldeck und Pyrmont, wurde 1710 erbaut, etwa zwanzig Jahre später bepflanzte man die Wälle erstmals mit Linden. Von hier hat man einen schönen Blick in den Kurpark. Westlich des Schlosses gab es mindestens seit 1630 einen Lust- und Küchengarten. Erst in den 1950er Jahren wurde dieser Bereich, anscheinend lange ungenutzt, als Ruhezone in den Kurpark mit einbezogen und „Refugium“ genannt.

Ergänzend zum Kurpark und dem Alleensystem gibt es zahlreiche kleinere Grünanlagen in Bad Pyrmont, wie beispielsweise den Bergkurpark, der in den 1930er Jahren rechts und links der Bombergallee angelegt wurde und der den eigentlichen Kurpark mit den bewaldeten Hügeln verbindet.

SCHLOSS HEHLEN

Im Ort an der B 83. Das Schloss ist in Richtung Weser von der Bundesstraße aus erkennbar.

Der Park kann auf Anfrage besichtigt werden [0511-327321].

Schloss Hehlen wurde um 1580 von Ilse von Saldern und Fritz von der Schulenburg erbaut und war dann etwa vierhundert Jahre im Besitz der Grafen von der Schulenburg. Bei dem schlichten, von einem Wassergraben umgebenen Renaissancebau handelt es sich um eine der ersten Vierflügelanlagen, die im Weserraum geschaffen wurden.

Das langgezogene Areal mit Wirtschaftsgebäuden, Schloss und Park erstreckt sich unmittelbar an der Weser. Mindestens bis zum Ende des 18. Jahrhunderts hatte es eine geometrische Gartenanlage gegeben. Aus dieser Zeit haben sich nur zahlreiche Skulpturen erhalten. So stehen an der Auffahrt zum Schloss vier große Figuren, die Herkules, Venus, Flora und Pomona darstellen. Besonders reizvoll ist der Blick über die niedrige Mauer zur Weser, wo zwei Dutzend Putten die Brüstung schmücken. Vermutlich im 19. Jahrhundert wurde die formale Gestaltung aufgegeben und eine landschaftliche Anlage geschaffen. Ein geschwungener Rundweg führt durch gepflegte Rasenflächen, die mit zahlreichen Solitärgehölzen bestanden ist. An den Park schließt sich eine ummauerte landwirtschaftlich genutzte Fläche an, die einst mit zum Park gehörte.

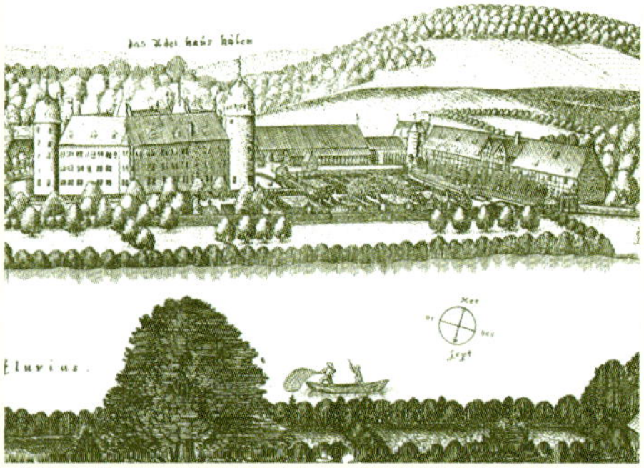

Merianstich von Hehlen, 1654

Schloss Hehlen vom anderen Weserufer

Die Westfassade mit Wassergraben und Putten

KLOSTER AMELUNGSBORN

Das Zisterzienserkloster Amelungsborn wurde 1135 gegründet. Nach der Reformation diente es bis ins 18. Jahrhundert als Schule, seit 1960 ist hier ein evangelischer Konvent beheimatet. Das Kloster liegt allein in freier Lage fern der nächsten Ortschaften und umfasst neben der Kirche, den ehemaligen Konventsgebäuden, zahlreichen Wirtschaftsgebäuden und Stallungen auch das herrschaftliche Wohnhaus des Domänenpächters. Eine weitläufige Mauer schließt den gesamten Komplex ein, wozu auch ein Teich, Obstwiesen und Viehweiden gehören. So lässt sich die vielfältige, selbstversorgende Wirtschaftsweise, die das Kloster betrieb, noch gut nachvollziehen.

Südlich der Kirche finden sich zwei abschüssige Terrassen mit Obstbäumen und Gemüseflächen, teilweise mit Buchs eingefasst, sicherlich haben sich hier in der geschützten Lage einst größere Flächen für Nutzpflanzen befunden.

In jüngster Zeit hat man südlich der Kantorei einen kleinen Garten nach mittelalterlichem Vorbild angelegt, mit rechteckigem Grundriss und einer Begrenzung aus Mauerwerk und Flechtzaun. In ihm befinden sich zwölf Hochbeete, auf denen verschiedene Arznei-, Färbe-, Küchen- und Symbolpflanzen gezeigt werden, die in einem Kloster unentbehrlich waren. Zur besinnlichen Rast dient eine Rasenbank, ein typisches Ausstattungselement mittelalterlicher Gärten. Bei dem einzelnen Apfelbaum handelt es sich um eine graue französische Renette, eine sehr alte Sorte, die im Mittelalter von dem Mutterkloster Morimont in Burgund an Klöster in ganz Europa weitergegeben wurde.

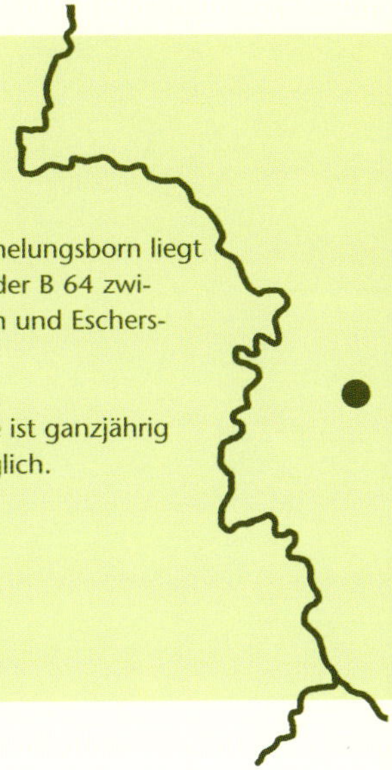

Kloster Amelungsborn liegt direkt an der B 64 zwischen Negenborn und Eschershausen.

Die Klosteranlage ist ganzjährig öffentlich zugänglich.

Kräuterbeete im mittelalterlichen Klostergarten

RITTERGUT WESTERBRAK

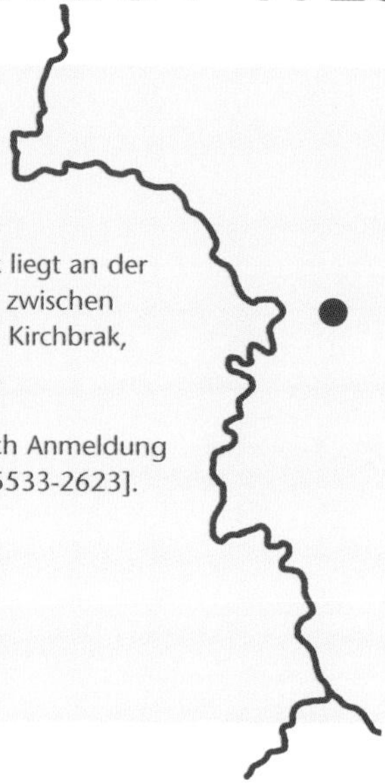

Westerbrak liegt an der Kreisstraße zwischen Bodenwerder und Kirchbrak, parallel zur B 240.

Der Garten ist nach Anmeldung zu besichtigen [05533-2623].

Das Rittergut Westerbrak wurde 1618 gegründet und ist seitdem im Besitz der Familie von Grone. Mit der Anlage des Gartens begann man im Jahre 1667, indem man drei Terrassen schuf, die vom Gut in Richtung Dorf hinab führten und durch Treppenanlagen verbunden waren. Auf der obersten Ebene stand das Herrenhaus.

In der ersten Hälfte des 18. Jahrhunderts wurde der Garten weiter ausgeschmückt. Das längsrechteckige Areal war durch eine Mittelachse, zwei Randwege und mehrere Querwege gegliedert und von einer Mauer umschlossen. Zur Ausstattung gehörten Hecken, Alleen, Obstspaliere, Putten und Fontänenbecken. Neben reinen Zierbeeten werden sicherlich auch Gemüsebeete vorhanden gewesen sein. Nachdem die heute noch erhaltenen Wirtschaftsgebäude des Gutes in symmetrischer Anordnung neu errichtet worden waren, war eine Gesamtanlage entstanden, die dem barocken Prinzip der Axialität entsprach. Allerdings war die Hauptachse des Gartens nicht auf das Herrenhaus ausgerichtet, da dieses etwas abseits stand, sondern auf die Mitte des U-förmigen Wirtschaftshofes.

Im 19. Jahrhundert wurden zunächst die Hecken, Alleen und Spaliere durch von Buchs eingefasste Nutzbeete ersetzt, schließlich gab man die geometrische Gliederung entsprechend der Mode des Landschaftsgartens ganz auf. Es wurden geschlängelte Wege angelegt und einige Solitärgehölze gepflanzt. Nach dem Anbau an das Herrenhaus 1855 wurde auch die obere Terrasse in diesem Sinne gärtnerisch neu gestaltet.

In den 1920er Jahren nahm sich Agnes von Hammerstein nach ihrer Einheirat nach Westerbrak des Gartens mit großer Leidenschaft an. Im Sinne der reformierten Gartenkunst stellte sie wieder ein geometrisches Wegenetz auf der unteren Terrasse her, wobei sie die barocken Längsachsen wieder aufnahm, die Querachsen jedoch, im Unterschied zur Barockzeit, auf das Wasserbassin ausrichtete. Dazu kamen Staudenbeete im Sinne der englischen Gartenarchitektin Gertrude Jekyll.

Leider fiel in den 1970er Jahren die untere Terrasse dem Straßenbau zum Opfer. Dennoch bietet der Garten heute ein sehenswertes Zusammenspiel von Elementen aus über dreihundert Jahren Gartengeschichte. Dazu gehören aus dem Barock die Grundstruktur mit Längsachse und Umfriedung, die Treppenanlagen, das

„Engelstor“

Zentraler Springbrunnen

Wasserbassin sowie drei Putten, die heute auf der oberen Terrasse in den Staudenbeeten an der Mauer stehen. Aus dem Jahre 1730 stammt das sogenannte Engelstor, welches heute den Abschluss der Längsachse bildet, hierher allerdings erst nach dem Verlust der unteren Terrasse versetzt wurde, auf der es in der seitlichen Mauer gestanden hatte. Der Name leitet sich von den beiden januskköpfigen Engeln her, die das Familienwappen über dem Torbogen halten. Das 19. Jahrhundert wird durch die hohen, alten Bäume repräsentiert, von denen besonders die mächtige Linde vor dem Herrenhaus hervorzuheben ist. Üppige Staudenbeete entlang der Mauern hat das 20. Jahrhundert beigesteuert. Nicht unerwähnt bleiben soll der herrliche Ausblick, den man von der oberen Terrasse gen Westen in die Landschaft genießen kann.

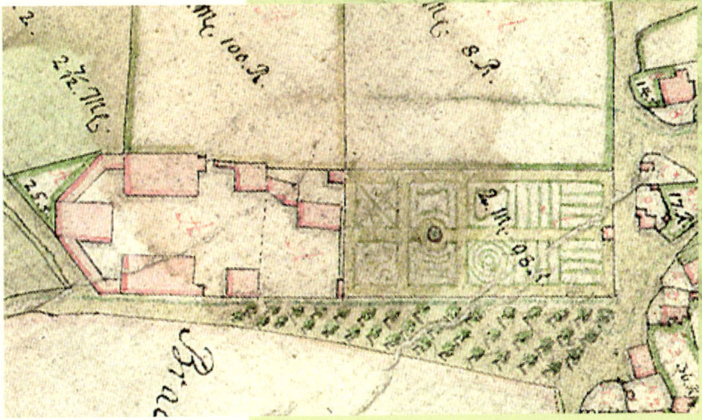

Plan des Rittergutes Westerbrak aus dem Jahre 1754

SCHLOSS CORVEY

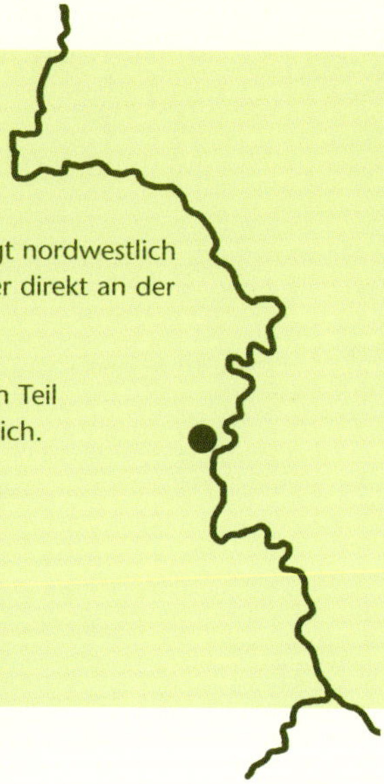

Corvey liegt nordwestlich von Höxter direkt an der Weser.

Die Anlage ist zum Teil öffentlich zugänglich.

Bereits im Jahre 822 wurde das Benediktiner-Kloster Corvey gegründet, dessen Name sich von dem französischen Mutterkloster Corbie ableitet. Da die mittelalterlichen Gebäude im Dreißigjährigen Krieg schwer beschädigt worden waren, erfolgte ab 1667 ein kompletter Neubau sämtlicher Gebäude, lediglich das Westwerk der Kirche stammt im Wesentlichen aus dem 9. Jahrhundert. Nach nahezu tausend Jahren Klosterleben teilte Corvey 1803 das Schicksal aller Reichsabteien, indem es aufgelöst und einem weltlichen Fürsten, in diesem Fall dem preussischen König, zugesprochen wurde. Seit 1840 ist das Anwesen im Besitz der Herzöge von Ratibor und Corvey.

Man betritt die Anlage über eine Brücke, die einen trockengefallenen Graben überquert. Ursprünglich war die Anlage an drei Seiten von schützenden Wassergräben umgeben, während auf der vierten die Weser diese Schutzfunktion übernahm. Nach Passieren der Torgebäude gelangt man in den äußeren Schlosshof. Schlichte Rasenflächen mit schmalen Rosenrabatten leiten auf das Schloss zu. Der Blick auf den Wirtschaftshof wird durch dichte Abpflanzungen verstellt. Interessant ist der offen geführte Bach, der durch das Kloster hindurch der Weser entgegen fließt. Dies ist ganz typisch für Klosteranlagen, die sich das fließende Wasser erst in der Küche und dann in den Latrinen nutzbar machten.

Fassade des Barockschlosses mit dem Westwerk der Klosterkirche

Im Innenhof des Schlosses schneiden buchsbaumgesäumte Rabatten die Ecken, eine Gestaltung des frühen 20. Jahrhunderts. Hier befindet sich der Eingang in das Museum, das man sich nicht entgehen lassen sollte, um einen Blick in den Kreuzgarten werfen zu können. Er ist schlicht gestaltet, vier Rasenflächen werden von Buchs eingefasst und durch vier Magnolien im Mittelpunkt akzentuiert. Der Kreuzgarten, auch Friedgarten genannt, diente früher auch als Begräbnisplatz für die Mönche, während die Äbte in der Kirche beigesetzt wurden. Heute finden sich hier Gräber der fürstlichen Familie.

Im ersten Stock des Museums sind ein Plan, der die Anlage um 1810 zeigt, sowie ein danach gebautes Modell ausgestellt. Damit kann man sich einen guten Überblick über den Komplex verschaffen. Allerdings sind die Gartenanlagen eher schematisch dargestellt. In den Bibliotheksräumen werden weitere Gartenpläne und –bücher präsentiert, beispielsweise ein Stichwerk von 1706 zur Kasseler Wil-

Gartenteich vor der Schlossfassade mit dem Bibliotheksturm

helmshöhe, Pücklers Andeutungen über Landschaftsgärtnerei von 1834 und ein Herbarium der Herzogin von Ratibor aus dem Jahre 1847. Auch liegt ein Plan aus Corvey von 1716 aus, der eine im Osten zur Weser hin gelegene Obstplantage zeigt. Von dieser Obstplantage ist nichts mehr erhalten, abgesehen von wenigen Kirschbäumen findet sich hier heute eine Fichtenschonung.

Von den Bibliotheksräumen kann man einen Blick in den privaten Gartenteil werfen, der sich vor dem Nordflügel erstreckt. Hier hatten bereits die Äbte in der ersten Hälfte des 18. Jahrhunderts einen Lustgarten angelegt, über dessen Aussehen nichts weiter bekannt ist. Anfang des 19. Jahrhunderts, als das Kloster zum weltlichen Schloss umgebaut wurde, entstand eine landschaftliche Gartenanlage mit zentraler Rasenfläche, die von hohen Bäumen gerahmt wird.

Auf dem Friedhof südlich der Kirche liegt August Heinrich Hoffmann von Fallersleben begraben, der von 1860 bis zu seinem Tod 1874 Bibliothekar in Corvey war.

Es lohnt sich auch, einen Gang außen rund um die Anlage zu machen, die an zwei Seiten von Lindenreihen umgeben wird. An der Weser führt eine Platanenallee entlang, auf der Nordseite bildet ein langgestreckter Wassergraben die Grenze zum Schlossgarten. Hier kann man noch einmal einen Blick über die zentrale Rasenfläche auf das Schloss werfen.

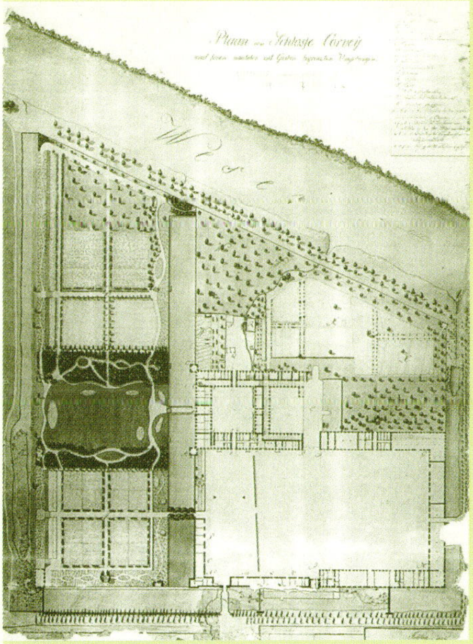

Die landschaftliche Anlage auf einem Plan des frühen 19. Jahrhunderts

STIFTUNGSGUT FÜRSTENBERG

Das Stiftungsgut liegt, von Boffzen kommend, gleich am Ortseingang von Fürstenberg.

Der Garten ist geöffnet am Tag des offenen Gartens Mitte Juni und nach telefonischer Absprache [05271-5284].

Das Wohnhaus des Stiftungsgutes Fürstenberg wurde um 1760 errichtet. Von einer landschaftlichen Gartenanlage des 19. Jahrhunderts hinter dem Gutshaus sind einige alte Bäume wie Buchen, Lärchen, Ulmen, Ahorn und Linden erhalten. Sie bilden den Rahmen für einen modernen Garten, der hier seit den letzten dreißig Jahren entstanden ist und stetig weiterentwickelt wird.

Das leicht ansteigende Gelände ist durch Hecken in verschiedene Gartenräume gegliedert. Es finden sich von Buchs eingefasste, üppig bepflanze Staudenbeete, darunter ein Hochbeet, das mit einer Trockenmauer aus Sollingsandsteinen eingefasst und in den Farben weiß-blau gehalten ist. Ein schmaler Rasengang wird durch hohe Scheinzypressenkegel akzentuiert. In dem von hohen Hainbuchenhecken eingefassten Rosengarten öffnet sich der Blick auf kulissenartig gestaffelte Ligusterhecken, so dass die Atmosphäre eines kleinen Freilufttheaters entsteht. Glyzinien, Je-länger-je-lieber und Rosen überranken eine Pergola und lassen den Laubengang zu einem Dufterlebnis werden. Auch die Ökonomie erhält ihr Recht in Form eines schachbrettartigen Gewürzgartens und eines zur Pferdekoppel umfunktionierten Obstgartens. Insgesamt zeigt dieser durch Rasen, hohe Bäume und heckenumgrenzte Räume geprägte Garten deutlich, dass seine Vorbilder in den englischen Gärten des beginnenden 20. Jahrhunderts zu suchen sind.

Blick auf die Gartenanlage

In Buchs gefasste Blumenbeete mit Ruhebank

SCHLOSSTERRASSEN FÜRSTENBERG

Die Anfänge von Fürstenberg liegen im Dunkeln, aber schon seit dem Mittelalter ist hier eine Burg überliefert. Hoch oben auf dem Steilufer ganz nah an der Weser war eine besonders günstige topographische Lage gegeben, um das Wesertal zu kontrollieren. Und so leitet sich der Name „Fürstenberg" keineswegs von einem adeligen Herrscher ab, sondern von „Vorstenberg", was so viel wie „hervorstehender Berg" heißt, denn die Burg liegt auf einem Felsvorsprung des Sollings. Das heutige Schloss ist aus einer Burg von 1350 hervorgegangen, die immer wieder umgebaut wurde. Ab etwa 1570 wurde es von den welfischen Herzögen als Jagdschloss genutzt und 1747 ließ Herzog Karl I. von Braunschweig-Wolfenbüttel hier eine Porzellanfabrik einrichten, nach Meißen eine der ältesten noch bestehenden in Deutschland. Im Schloß befindet sich ein Porzellanmuseum.

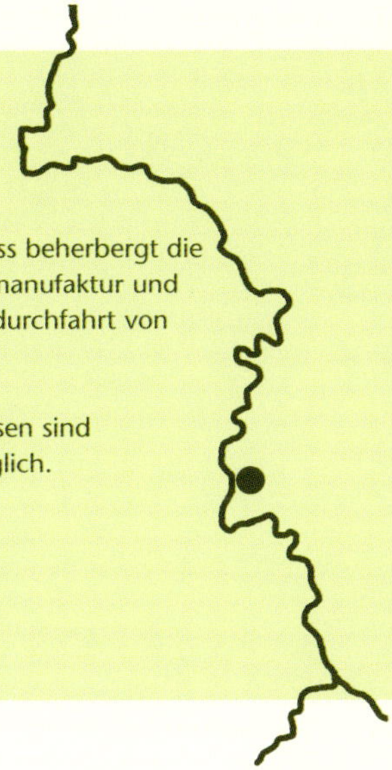

Das Schloss beherbergt die Porzellanmanufaktur und liegt an der Ortsdurchfahrt von Fürstenberg.

Die Schlossterrassen sind öffentlich zugänglich.

Es war ebenfalls Herzog Karl, der die Idee hatte, die günstige Südlage des Berges auszunutzen, um hier einen Weinberg anzulegen. Mit wärmespeichernden Trockenmauern wurden 1749 unterhalb des Schlosses schmale Terrassen geschaffen, die durch eine Vielzahl steiler Treppen verbunden sind. Herzog Karl wollte Pfälzer Weinbauern ansiedeln, doch aus unbekannten Gründen scheiterte das Projekt. Die Terrassen wurden dann durch den Amtmann genutzt, ob er wirklich Wein anbaute oder doch nur Obst und Gemüse, ist nicht überliefert. Im 19. Jahrhundert verfielen die Terrassen, doch wurden sie in jüngster Zeit wieder restauriert. Sie sind heute mit zahlreichen Obstbäumen bestanden. Von hier hat man einen wundervollen Blick auf die Weser.

Die Sollingsandsteinmauern der Terrassenanlage mit dem Schloss im Hintergrund

Blick nach Süden in das Wesertal

BÖKERHOF BÖKENDORF

Bökendorf gehört zur Stadt Brakel. Von der B 252 zweigt eine Kreisstraße in Richtung Bellersen ab. Von dort aus ist Bökendorf ausgeschildert.

Der Laubengang und die Allee sind öffentlich zugänglich.

Das Gut Bökerhof befindet sich bereits seit dem 15. Jahrhundert im Besitz der Familie von Haxthausen. Das heutige Herrenhaus entstand jedoch erst um 1770 anstelle einer alten Wasserburg, es wurde für Werner Adolph von Haxthausen anlässlich seiner Hochzeit mit Marianne von Westphalen zu Heidelbeck errichtet. Diese beiden sind die Großeltern der 1797 geborenen Dichterin Annette von Droste-Hülshoff, die ihre Verwandten auf Bökerhof des öfteren besuchte. Bei einem dieser Besuche erzählte der Großvater seiner Enkelin von einem Mord, der in der Gegend geschehen war, woraus Jahre später die wohl berühmteste Erzählung der Dichterin entstand: „Die Judenbuche". Überhaupt war man auf Bökerhof literarisch sehr interessiert, sammelte Sagen und Märchen und hatte häufig Schriftsteller zu Gast, darunter auch die Brüder Grimm. Das Herrenhaus beherbergt heute in Anknüpfung daran ein kleines Literaturmuseum.

Des Herrenhaus von der Parkseite

Über die Geschichte des Gartens ist leider bislang kaum etwas bekannt. Der axiale Grundaufbau der Anlage lässt eine formale Vorläuferanlage vermuten, gesichert ist dies jedoch nicht. Vermutlich Anfang des 19. Jahrhundert entstand dann ein landschaftlicher Gutspark, der in Resten erhalten ist. Lohnenswert ist der Besuch in Bökerhof vor allem wegen eines imposanten Laubenganges.

Zunächst führt eine kurze Lindenallee von der Landstraße auf das Gutshaus zu. Vom Inneren des Hauses hat man einen sehr schönen Blick auf den Park hinter dem Haus. Eine mächtige Platane beherrscht den Vordergrund. An die hausnahe Rasenfläche schließt sich eine Koppel an und schließlich wird der Blick in eine mächtige Lindenallee geleitet, die zusammen mit der Zufahrtsallee das axiale Gerüst der gesamten Anlage bildet.

Den Rundgang durch die Parkanlage beginnt man am besten, indem man sich am Ende der Zufahrtsallee rechts hält und den Parkplatz sowie einen Tennisplatz passiert. Direkt hinter dem Tennisplatz stößt man auf das Schmuckstück der Anlage: ein mehrere hundert Meter langer Laubengang. Er besteht aus Hainbuchen, die durch regelmäßiges Schneiden in der Form des geschlossenen Laubenbogens gehalten werden. Ursprünglich umschloss er wohl die ganze Anlage an drei Seiten in U-Form, heute ist noch eine Hälfte erhalten. Eine ganze Weile wandelt man in dem schattigen Hainbuchengang, bevor er rechtwinklig abknickt. Hier steht eine Bank, auf der man unbedingt einen Moment verweilen sollte, um den Blick in zwei scheinbar unendliche Laubengänge zu genießen.

Hat man den zweiten Gang verlassen, findet man sich in der Hauptachse der Anlage wieder und blickt links auf das Herrenhaus, rechts in die mächtige Lindenallee. Heute führt ein Weg zurück zum Haus sofort links an der Koppel entlang, ursprünglich wurde der Laubengang jedoch auch auf der anderen Seite spiegelbildlich fortgeführt. Geht man ein paar Schritte auf dem asphaltierten Weg weiter, sieht man Reste der Hainbuchen, die einst den Gang bildeten.

Die etwa 20 Meter breite Allee wird durch hohe Linden gebildet und führt einen leicht ansteigenden Hang hinauf. Mitte des 19. Jahrhunderts wurde in ihr ein Kreuzweg anlegt, dessen steinerne Bildstöcke einen unterschiedlichen Erhaltungszustand aufweisen, zum Teil sind noch Reliefs mit Darstellungen des Leidenswegs Christi erhalten. Die Allee endet an einem Wald, der Kreuzweg geht in demselben weiter. In der Allee hat man einen weiten Blick zwischen den Linden hindurch in die Landschaft, auf dem Rückweg öffnet sich Stück für Stück der Blick auf das Herrenhaus.

Der Hainbuchengang

Blick aus der Lindenallee

SCHLOSS WEHRDEN

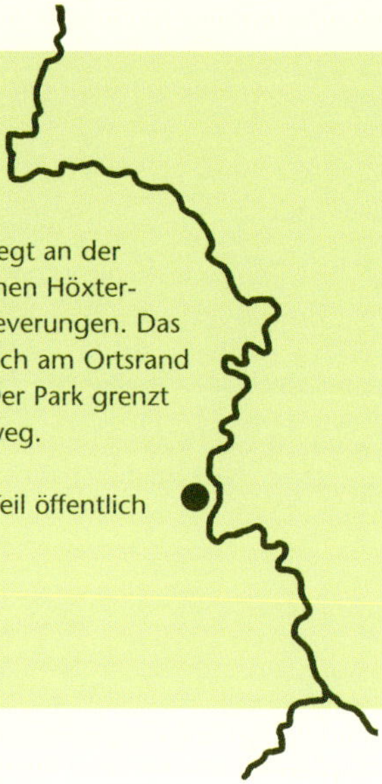

Wehrden liegt an der B 83 zwischen Höxter-Godelheim und Beverungen. Das Schloss befindet sich am Ortsrand nahe der Weser. Der Park grenzt an den Weserradweg.

Der Park ist zum Teil öffentlich zugänglich.

Schloss Wehrden wurde um 1700 vom Paderborner Fürstbischof Hermann Werner von Wolff-Metternich auf den Resten einer älteren Wasserburg errichtet. Teile des ehemaligen Wassergrabens haben sich auf der Vorderseite des Schlosses erhalten, allerdings ist er heute mit Rasen bewachsen. Verschiedene ehemalige Wirtschaftsgebäude und Stallungen sind dem Schloss vorgelagert und bilden einen geschlossenen Hof. Hervorzuheben ist das turmartige Taubenhaus, das bei keiner herrschaftlichen Anlage fehlen durfte. Nördlich des Schlosses steht ein dreigeschossiger Turm, der um 1600 erbaut wurde. Hier wohnte Annette von Droste-Hülshoff, wenn sie ihre Verwandten in Wehrden besuchte (vgl. auch Bökerhof).

Hinter dem Schloss liegt der Park, der sich ursprünglich nur auf dem Gelände unmittelbar um das Schloss herum erstreckte. Mauerreste mit einem kleinen steinernen Häuschen markieren die ehemalige Grenze des Gartens. Um 1900 wurde der Park erweitert, so dass er nun fast bis an die Weser heranreicht. Auf einer weitläufigen, von Kieswegen durchzogenen Rasenfläche stehen zahlreiche

Der sogenannte Droste-Turm im Park von Schloss Wehrden war ein Lieblingsplatz der Dichterin Annette von Droste-Hülshoff

Blick aus dem Park auf das Schloss Fürstenberg

alte Solitäre und Baumgruppen, darunter Magnolien, Tulpenbäume, Pyramideneichen, Ginkgo und eine Süntelbuche. Auch hat man von einigen Punkten des Parkes einen schönen Blick auf Schloss Fürstenberg.

Süntelbuche

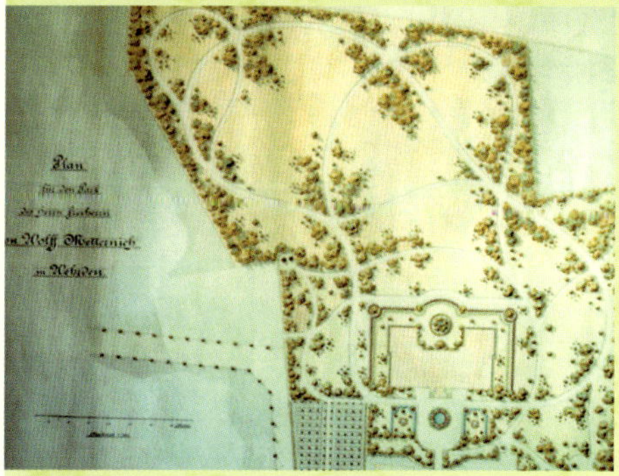

Plan des Schlossparks von 1795

GUT MEINBREXEN

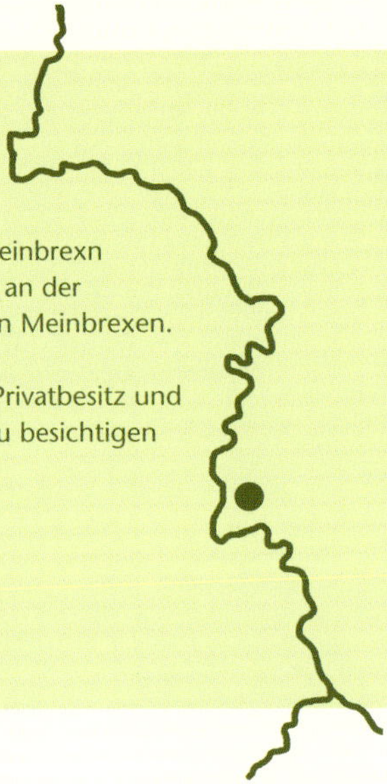

Das Gut Meinbrexn liegt direkt an der Ortsdurchfahrt von Meinbrexen.

Der Garten ist in Privatbesitz und nach Absprache zu besichtigen [05273-7357].

Das Gut Meinbrexen ist seit 1695 im Besitz der Familie von Mansberg. 1699 entstand das heutige Herrenhaus, das zusammen mit zwei kleinen Kavalierhäusern auf einer quadratischen, von einem Wassergraben umgebenen Insel steht. Vor dem Haus liegt in einem Rasenrondell ein Brunnen von 1712, der durch eine Quelle im nahegelegenen Sollingausläufer gespeist wird. Um 1800 führte der Zufahrtsweg von der Brücke aus nicht in zwei Bögen, sondern gerade auf das Haus zu, mit einer kleinen Erweiterung um den Brunnen. Die gesamte Insel war in regelmäßige Rechtecke aufgeteilt, die als Holzplatz, Bleiche, Küchengarten, (Obst-) Baumgarten und Blumengarten dienten. Heute beherrschen Rasen und zwei Reihen alter Linden das Bild.

Inwieweit es hinter dem Herrenhaus einst einen formalen Ziergarten gab, ist ungewiss. Der Landschaftsgarten, dessen Reste man heute hier findet, dürfte Anfang des 19. Jahrhunderts entstanden sein. In Hausnähe ist er gepflegt, hier finden sich drei mächtige Pyramideneichen, mehrere Magnolien und Rhododendren. An der östlichen Grabenseite stehen noch einige Exemplare einer Blutbuchen- und Lärchenallee, die bereits auf einem Plan von 1800 verzeichnet ist. Der größere Teil des Gartens ist heute verwildert und zum Teil mit Fichten und Pappeln aufgeforstet.

Einfahrt zum Gutshof

Brunnen vor dem Gutshaus

SCHLOSS NIENOVER

Etwas abgelegen, mitten im Solling, liegt Schloss Nienover. Die mittelalterliche Vorläuferburg des heutigen Schlosses hatte als Sitz der Dasseler Grafen eine gewisse regionale Bedeutung. Auch wurde wohl im 12. Jahrhundert neben der Burg eine planmäßige Siedlung angelegt, die jedoch nur rund zweihundert Jahre bestand. Seit einigen Jahren wird diese Siedlung im Rahmen von archäologischen Lehrgrabungen der Universität Göttingen ausgegraben.

Die Burg diente im 16. Jahrhundert den Braunschweiger Herzögen als Jagdschloss und der Herzogin Elisabeth als Witwensitz. Spätestens aber seit dem Dreißigjährigen Krieg, in dem die Burg durch Tillys Truppen stark zerstört wurde, hat sie ein unspektakuläres Dasein geführt. Nach dem Wiederaufbau diente das Schloss als Verwaltungssitz für das Amt Nienover und als Forstamt. Derzeit beherbergt es Einrichtungen der Universität Göttingen. Das heutige Erscheinungsbild stammt im Wesentlichen aus dem 17. Jahrhundert. Besonders beeindruckend ist der mächtige Unterbau, der der Burg, die nur auf einem relativ kleinen Hügel liegt, größere Wehrhaftigkeit verleihen sollte.

Dem Schloss vorgelagert ist der sogenannte alte Küchengarten, der von einer hohen Bruchsteinmauer aus dem 18. Jahrhundert eingefasst ist. Die Ummauerung von Nutzgärten ist ganz typisch, da man so das Kleinklima verbessert und es Dieben nicht allzu leicht macht. In dem heute als Wildgehege genutzten Areal finden sich noch zahlreiche Obstbäume, die auf die ursprüngliche Nutzung hinweisen.

Auf der Südseite des Schlosses befinden sich die Reste einer kleinen Terrassenanlage, die vermutlich aus dem Ende des 17. Jahrhunderts stammt. Es handelt sich dabei um drei Ebenen, die aber wohl von Anfang an mehr als Nutzgarten denn als Repräsentationsgarten dienten. Gerade in dem etwas rauen Klima des Sollings wird man bemüht gewesen sein, die Anbaubedingungen für Obst und Gemüse zu verbessern, in dem man in südexponierter Lage wärmespeichernde Bruchsteinmauern in abgetreppter Form errichtete (vgl. Fürstenberg).

Schloss Nienover liegt mitten im Solling. Von der B 241 zwischen Lauenförde und Uslar führt bei Amelith ein kleiner Weg zum Schloss (Beschilderung Hutewaldprojekt)

Die Anlage ist im Landesbesitz und auf Anfrage zu besichtigen. Tel. 0160-4963347.

Blick auf die Terrassenanlage

Gepflasterte Zufahrt zum Schloss

BURG ADELEBSEN

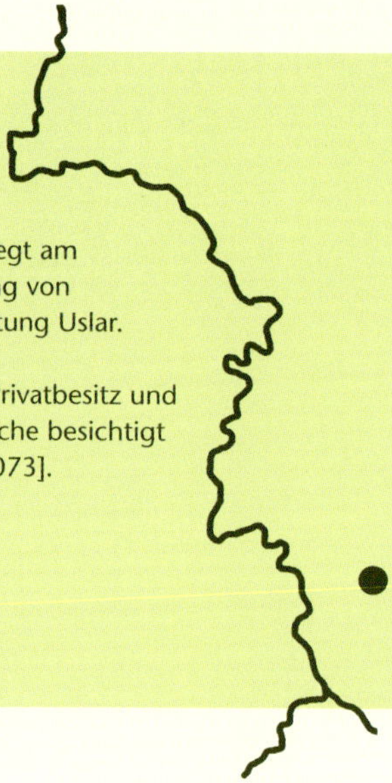

Die Burg liegt am Ortsausgang von Adelebsen in Richtung Uslar.

Die Anlage ist in Privatbesitz und kann nach Absprache besichtigt werden [05506-7073].

Burg Adelebsen ist eine imposante Anlage, sowohl durch ihre exponierter Lage auf einem Bergsporn, als auch durch die Vielzahl von verschachtelt aneinander gebauten Gebäuden aus mehreren Jahrhunderten. Bildbestimmend ist der um 1350 entstandene fünfeckige Wohn- und Wehrturm, der 38 Meter hoch ist und neun Geschosse beherbergt.

Die Hänge des langgezogenen Bergsporns wurden Anfang des 18. Jahrhunderts unter Friedrich Bodo von Adelebsen terrassiert. So entstanden im nördlichen Bereich fünf schmale Terrassen, von denen die oberen beiden „Rother Garten" und die unteren drei „Berggarten" genannt wurden. Sie werden durch einen schmalen Weg, der vom Schloss zur Kirche führt, getrennt. Hier gab es ursprünglich zahlreiche Obstbäume und -spaliere: Kirschen, Äpfel, Birnen, Pfirsiche, Mandeln und Weinstöcke. Im Sommer wurden hier auch Orangenbäume, Feigen und andere südliche Pflanzen in Kübeln aufgestellt.

Terrassenanlage mit dreieckigen Beeten

Einen Ziergarten schuf man an der südlichen Spitze des Bergsporns vor dem Wohnhaus. Auf dieser größeren rechteckigen Fläche, „Lustfeld" genannt, ist im 18. Jahrhundert ein barockes Parterre zu vermuten. Besondere Beachtung verdient die östliche Stützmauer des Lustfeldes zur nächst tiefer gelegenen Terrasse. Sie enthält fünfzehn bogenförmige Nischen, was ihr den Namen „Schlangenmauer" einbrachte. Hier war früher vermutlich Spalierobst angebracht. Heute wird ihr oberer Rand durch eine schmale Rosenrabatte geschmückt, im Sommer kommen Kübel mit Agapanthus (Schmucklilie) hinzu. Sowohl die Schlangenmauer als auch die übrigen Mauern sind aus Sandsteinquadern gefügt. Ihren besonderen Reiz erhalten sie durch den üppigen Bewuchs mit Glockenblumen, Blaukissen und Steinkraut, der in den Mauerritzen wurzelt.

Sämtliche Terrassen sind heute größtenteils mit Rasen bedeckt, in dem einzelne Staudenbeete Akzente setzten. Die Anordnung der

Blick von den Terrassen auf das Schloss im Spätsommer

Beete und ihre Bepflanzung wurde Ende der 1950er Jahre von Hermann Mattern entworfen, einem der führenden Gartenarchitekten der Nachkriegszeit. So finden sich einige Beete auf dem Lustfeld, besonders originell ist jedoch die Gestaltung der beiden Terrassen des „Rothen Gartens". Hier verläuft jeweils an der Terrassenkante ein Band aus dreieckigen Beeten. Sie sind mit Rosen und Stauden in schmalen Streifen bepflanzt, so dass die strenge Geometrie der Gestaltung noch betont wird.

Beachtung verdienen auch die Außenwände des „Neues Amtshauses" neben dem eigentlichen Wohnschloss, an denen ausladende Wisterien emporklettern.

Die „Schlangenmauer" in voller Blüte

TIERGARTEN SABABURG

Die Sababurg liegt mitten im Reinhardswald und ist weiträumig ausgeschildert. Der Tiergarten ist ganzjährig geöffnet, von April bis September von 8 bis 19 Uhr, von November bis Februar von 10 bis 16 Uhr und im Oktober sowie März von 9 bis 17 Uhr. Eine Besichtigung des Burggartens ist von April bis Oktober täglich von 10 bis 17 Uhr möglich.

Die Sababurg wurde 1334, damals noch als „Zappenborgk" zum Schutz des nahen Pilgerortes Gottsbüren gegründet. Ende des 15. Jahrhunderts errichteten die Landgrafen von Hessen hier inmitten des Reinhardswaldes ein Jagdschloss. Anfang des 19. Jh. wurde die Sababurg als Wohnsitz aufgegeben; sie verfiel und wurde von der Vegetation überwuchert, so dass man das Schloss schon im 19. Jahrhundert als den Ort von Dornröschens Schlaf ansah. Erst in den 1960er Jahren wurde es wachgeküsst und beherbergt heute ein Hotel mit Gastronomie.

Der Tiergarten zu Füßen der Sababurg wurde um 1570 gegründet. Es handelte sich dabei anfangs schlicht um ein Waldgebiet, welches zunächst eingezäunt, ab 1590 dann von einer Mauer umschlossen war. Die vier Meter hohe und viereinhalb Kilometer lange Mauer mit ihren vier Toren ist noch heute erhalten. In dem umfriedeten, hundertzweiunddreißig Hektar großen Areal hielt man heimisches Hoch- und Niederwild für die Jagd vor, aber auch fremde und exotische Tiere, wie dänisches Damwild, Gemsen, Steinböcke, weiße Hirsche, Elche und Rentiere, später auch indianische Hirsche und Auerochsen. Die meisten diese weitgereisten Tiere fühlten sich aber nicht wohl, so dass die dauerhafte Vermehrung nicht gelang. Des weiteren gab es auch Teiche für die Fischzucht.

Alleenkreuzung

Ab 1770 wurde für die in Mode gekommene Parforcejagd ein sechsstrahliger Jagdstern innerhalb des Waldbestandes angelegt. Der Mittelpunkt, ein großer runder Platz, war mit Nadelgehölzen bepflanzt, die durch den Kontrast zu den umgebenden Laubbäumen auch aus der Ferne gut auszumachen waren. Die Hauptachse des Sterns verlief von der Burg über das zentrale Rondell zu dem „Roten Tor" in der Mauer, von wo ein Weg weiter nach Hofgeismar führte. Sie wurde von einer Eichenallee gesäumt und der Boden war mit Rasen bewachsen. Die übrigen vier Achsen endeten blind vor den Mauern und bestanden zunächst aus einfachen Schneisen im Wald. Ende des 18. Jahrhunderts wurden

auch sie als Eichen- und Buchenalleen gestaltet. Dazu kam eine weitere Sichtschneise, die sogenannte „Kassler Schneise", die abseits des Jagdsterns vom Kassler Tor zur Burg führte.

Im 19. Jahrhundert kam die Jagd aus der Mode und man verlegte sich mehr auf die Zucht von Kavalleriepferden, wenn auch mit kurzen Unterbrechungen bis etwa 1930 ebenfalls Wild vorhanden war. Um Weiden für die Pferde und Wiesen zur Heugewinnung zu schaffen, holzte man nach und nach den Wald ab, bis sich das Erscheinungsbild schließlich umgekehrt hatte: Wo der Jagdstern einst Schneisen im geschlossenen Wald gebildet hatte, traten jetzt die Alleen in offenem Grasland deutlich hervor. Dieses Bild ist bis heute erhalten geblieben. Einzelne mächtige Eichen auf den Wiesen verstärken den Eindruck einer Parklandschaft. Von vielen Punkten aus hat man einen malerischen Blick auf die auf einem Hügel liegende Burg.

Blick vom Tierpark auf die Sababurg.

Der Tiergarten ist also durch seine Umfassungsmauer in der Ausdehnung des 16. Jahrhunderts erhalten, die Binnenstruktur stammt aus dem 18. Jahrhundert. Die ursprüngliche Nutzung als Wildgehege wird durch einen 1970 eingerichteten Tierpark mit heimischen bzw. ehemals heimischen Tierarten aufgegriffen.

An der Burg wurde in den letzten Jahren ein neuer Burggarten geschaffen. Er liegt erhöht auf einer alten Bastion. Neben den Rabatten mit Stauden, Sommer- und Zwiebelblumen sind es insbesondere die vielen alten Rosensorten, die den Garten auszeichnen. Entlang der Burgmauer hat man einen weiten Blick auf den Tiergarten.

Im Burggarten.

Bücher über Gärten der Region und Gartenkunst im Allgemeinen

Buttlar, Adrian von: Der Landschaftsgarten. Gartenkunst des Klassizismus und der Romantik. Köln 1989

Bazin, Germain: DuMont's Geschichte der Gartenbaukunst. Köln 1999

Clark, Ronald: Garten Reiseführer. 320 private und 935 öffentliche Gärten und Parks in Deutschland. München 2003

Curtius, Jutta: Gutspark Westerbrak. Gartendenkmalpflegerische Beiträge zur Erhaltung, Pflege und Entwicklung. In: Stadt und Grün 4/98, 273-277

Das Weserbergland. Bilder und Texte aus einer erlebnisreichen Kulturlandschaft. Holzminden 2003

Formann, Inken: Gartenkultur hinter Klostermauern. Die Gärten des Stiftes Fischbeck – ein Beispiel für die Anlagen niedersächsischer Damenstifte. In: Stadt und Grün 9/2003, S. 26-31

Garfs, Joachim: Ein heiterer Platz der Freude. Die ungewöhnliche Geschichte der Kurparkanlagen von Bad Pyrmont. Bad Pymont 1991

Glaßl, Frank: Der Tiergarten Sababurg. Geschichte einer Parkanlage zwischen Gartenkunst und Forstästhetik und Probleme ihrer Erhaltung. In: Die Gartenkunst 1/1989. S. 47-66

Gothein, Marie Luise: Geschichte der Gartenkunst. 2 Bände. Jena 1926, Neudruck München 1997

Hansmann, Wilfried: Gartenkunst der Renaissance und des Barock. Köln 1983

Hennebo, Dieter: Gärten des Mittelalters. München Zürich 1987

Hennebo, Dieter & Alfred Hoffmann: Der Landschaftsgarten. Hamburg 1963

Hennebo, Dieter & Alfred Hoffmann: Der architektonische Garten. Renaissance und Barock. Hamburg 1965

Historische Gärten in Niedersachsen. Katalog zur Landesausstellung. Hannover 2000

Höing, Hubert (Hg.): Träume vom Paradies. Historische Parks und Gärten in Schaumburg. Melle 1999

Kirsch, Rolf: Frühe Landschaftsgärten im niedersächsischen Raum. Göttingen 1993

Kalusok, Michaela: Schnellkurs Gartenkunst. Köln 2003

Kulturpfad Schaumburg. Ein Reiseführer durch das Schaumburger Land. Bückeburg 2000

Laird, Mark: Der formale Garten. Architektonische Landschaftskunst aus fünf Jahrhunderten. Stuttgart 1994

Mosser, Monique & Georges Teyssot: Die Gartenkunst des Abendlandes. Stuttgart 1993

Saudan-Skira, Sylvia & Michael Saudan: Orangerien. Paläste aus Glas von 17. bis zum 19. Jahrhundert. Köln 1998

Schomann, Rainer; Jagdschloß Baum. Kulturdenkmal des Spätbarock. Hannover 1994

Schweinitz, Anna-Franziska von: Die landesherrlichen Gärten in Schamburg-Lippe von 1647-1918. Worms1999

Wimmer, Clemens Alexander: Bäume und Sträucher in historischen Gärten. Gehölzverwendung in Geschichte und Denkmalpflege. Dresden 2001

Graf Adelmann	50 (links), 51 (mitte)
Thomas Arends	20 (unten), 23 (unten)
Familie von Breitenbuch	21 (unten rechts)
Jan Brinkmann	50 (unten), 51 (links unten)
Fürstl. Hofkammer	27
Hans Hoffmann, Springe	51 (rechts unten)
Tobias Landmann	41 (rechts unten)
Ralph Lorenz	57
Ulrich Kaifer	12, 37 (unten), 49 (2)
U. Kirmes	24 (links), 34
Kurpf. Museum Heidelberg	7 (oben)
Landschaftsverband Westfalen-Lippe	77 (rechts), 83 (rechts unten)
Medienzentrum LK Schaumburg	15 (unten)
Museum im Schloss, Bad Pyrmont	68, 70 (unten)
Nds. Staatsarchiv, Bückeburg	9 (unten), 17, 23 (oben), 23, 27, 28, 30, 31(unten), 32, 33, 41 (unten), 42,
Schaumburg-Lippischer Heimatverein	14
Schloss Adelebsen	87 (unten)
Sparkasse Schaumburg (Klaus Krekeler)	16
Stadt Obernkirchen	25 (unten)
Stiftung Edelhof Ricklingen	58 (links)
Universitäts- und Landesbibliothek Münster	82 (rechts)
Werkverzeichnis Anton Wilhelm Strack	35 (unten), 37 (oben), 39 (oben)

alle anderen: Sigurd Elert